U0127262

長老的禮物

「從初發心，到證菩提」都必修的基本功

作者：堪布 卡塔仁波切
(Ven. Khenpo Karthar Rinpoche)

譯者：金吉祥女
審定：陳曹倩

|目次|

【上課鈴響】靈性的書包 ································· 5

如何成為「世界的達令」 ························· 6

與佛法結緣 ····································· 14

【第一堂課】基礎的練習課：佛陀的主要法教 ········ 21

受持佛法的因緣 ································· 22

「諸惡莫作」：降伏煩惱與十惡業 ··············· 28

「眾善奉行」：十善業 ························· 52

「自淨其意」 ··································· 62

「是諸佛教」 ··································· 66

【第二堂課】平靜的練習課：轉煩惱為道用 ········· 87

面對煩惱 ······································· 88

止 ··· 108

止的禪修指導 ································· 112

止的禪修利益 ································· 136

【第三堂課】愛的練習課：四無量心 ··············· 147

慈 ··· 148

悲、喜、捨 ··································· 172

【第四堂課】分享的練習課：菩薩道 ⋯⋯⋯⋯⋯⋯⋯⋯ 183

以慈悲對治瞋恨和嫉妒 ⋯⋯⋯⋯⋯⋯⋯⋯ 184

願菩提心、行菩提心 ⋯⋯⋯⋯⋯⋯⋯⋯ 188

六度波羅蜜 ⋯⋯⋯⋯⋯⋯⋯⋯ 206

【第五堂課】自律的練習課：菩薩戒與七支供養 ⋯⋯⋯⋯ 235

法脈傳承與七支供養 ⋯⋯⋯⋯⋯⋯⋯⋯ 236

累積功德與七支供養 ⋯⋯⋯⋯⋯⋯⋯⋯ 240

【第六堂課】信心的練習課：皈依與善知識 ⋯⋯⋯⋯⋯⋯ 259

皈依與日常修持 ⋯⋯⋯⋯⋯⋯⋯⋯ 260

大乘的皈依 ⋯⋯⋯⋯⋯⋯⋯⋯ 264

善知識的重要 ⋯⋯⋯⋯⋯⋯⋯⋯ 270

心靈藏寶圖 ⋯⋯⋯⋯⋯⋯⋯⋯ 278

【上課鈴響】

靈性的書包

如何成為「世界的達令」

證悟者曾經說過，透過修持與菩提心的開展，
我們就能夠變成「世界的達令」。

我們都是人。無論我們的過去、性別、社會地位等，一旦生而為人，我們就一定有能力去瞭解並認證存在於每一個人身上的深刻智慧與慈悲。雖然有這樣的能力，我們仍然需要一個方法，讓我們首先能夠認出、繼而瞭解，之後開顯並證悟我們的智慧。那些已如此實踐的人，以「證悟者」而聞名，那些尚未認證此潛能與智慧的人，則是「有情眾生」。

我們知道證悟者、菩薩等能夠示現超凡優越的特質。他們能展現神通，並且似乎有著超乎我們凡夫俗子所具有的能力與理解力。其實，他們的潛力並不比我們優越，雖然這聽起來很不可思議，但是我們自身具備同樣優越的潛力；我們需要學習的，是如何開展這種潛能。

瞭解了這點之後,你可能會問:「既然我們自身就具有智慧與其他功德特質的潛能,我們不是早晚會逐漸自然地獲得證悟嗎?」其實不然,因為智慧的開展與心的覆障的淨除,並不會自己發生。無始以來,我們已投生無數次,但我們仍然是有情眾生,這是因為我們沒有運用方法去開展智慧並淨除覆障。同樣地,我們未來無論投生多少次,若不使用方法,我們仍然會是有情眾生。因此,對我們每個人都很重要的是,無論聽聞到的是哪個法教,我們都必須日日修持,在日常生活當中將它實際運用出來。

佛陀曾開示:「我無法以雙手將一切眾生的痛苦提起,也無法將我的智慧與證悟交到有情眾生的手中。提取眾生的痛苦和給予智慧是不可能的。我能夠做的,是正確無誤地傳授獲得證悟的方法。」在圓滿地開演此無垢的法教後,佛陀說道:「一個人是否能夠獲得圓滿的證悟,終結痛苦,獲得智慧的完全開展,取決於此人修行上的努力。」因此,兩個獲得相同法教的學生,其中一個學生會因為特別精進以及悟性較高,而有較快的進展。

打基礎,三學次第來

佛陀在傳授這些清淨無染、可直接翻譯為「方法」的法教時,有三個次第。第一個次第是初學者的階段,第二個次第是已經開始學習,並且已經小有進步的人,第三個次第是屬於高階的人。此三個次第相輔相成,高階的次第建立在初階的次第之上。這就好比我們的一生,剛出生時,我們只有嬰孩的能力;慢慢地長大成人,我們的能力與潛力也隨之增長,在已經學習到的基礎上持續學習;之後,我們邁向老年,具備累積了一生的更多經驗與智慧,能夠用以

瞭解學習。同樣地，我們在修行上也必須經歷不同的階段。

然而，有許多人覺得自己的能力非常不足，應該一輩子保持在初學者的階段。反之，也有些人覺得自己只需要修持最高階的法教就可以了。事實上，這兩者皆是不可能的。當我們對佛法完全陌生時，必須學習佛法並受到引介，這個時候，我們是初學者。在學習佛法後，我們接著進入了第二個次第，因為我們不能永遠停留在第一個次第。同樣地，當我們在第二個階段學習到了更多的知識時，我們必須進入第三個次第。

我們所有的人都必須遵循這樣的系統，以建立自己理解的能力。就像建造一座房子，我們是如此希望房子儘快落成，以至於我們很想先把屋頂放上去。但是，沒有牆壁、沒有地基，我們沒有辦法憑空放上一個屋頂。因此，我們必須先由打地基開始，接著豎立牆壁，之後才架設屋頂。

聽聞、思維與修習

接下來的問題是：我們如何修持佛法？我們必須以聞、思、修三學的不同態度，來學習每一個法。首先是聽聞，繼而是思維，之後是禪修。

聽聞佛法並不是指，我們從一開始，就必須聽聞所有佛陀的法教，如果是這樣的話，明顯會花上很長的一段時間。它真正的意思是指，對於我們所聽聞到的任何法教，我們必須能夠真正地接受，並將它聽進去，且將它運用在自己的身上。我們如何接受所聽到的法

教？方法就好比我們生病時，接受醫生所開的藥物一般：就是要把藥吃進去；如果我們接受任何藥物之前，都要先研究一番，那麼可能在研究結束之前，我們就已告不治。這裡的要點是，去聽聞傳授給我們的法教，並且儘可能地將它運用在我們的日常生活與修持當中。

第二步是思維。去思維我們所聽聞到的法教很重要，因為這樣的反覆思維能夠讓我們的記憶猶新，而且記得這些法教有助於我們的修持。如果缺少了思維的次第，我們就會像是被帶去看一場娛樂表演的孩童，看演出時很享受，但是看過之後卻什麼都不記得了，只是記得看得很高興，節目的演出次序已不記得，有時甚至連有這件事都不知道了。我們不該讓自己因為沒有進行思維與思索，而忘記了自己所聽聞到的法教。

但是，聽聞並且思維法教的意義仍然不夠，我們還必須修持它。第三個次第便是將我們所聽聞、所思維的法教付諸實踐。禪修便是將佛法付諸實踐。缺乏修持，光是聽聞和思維，對我們的幫助不大。這就好像是學做菜一樣，我們可能向一位大廚學習如何做菜，知道該準備什麼，並且知道烹飪的流程，但是如果我們沒有真正地將菜做出來，我們可能會餓死。如果不去進行實際的烹煮，我們向大廚學習到的知識無法對自己有益。要享受美食，我們就必須動手去做，這即是修持。

禪修：還原美好的自己

要體驗並且受用我們內在增長的功德、智慧與知識，我們必須實際去禪修，我們必須去修持。許多人以為禪修只是初學者的功課，一

旦成為進階的學生後，就沒有必要做了。事實上，禪修對初學者與進階者皆有必要，它是靈性探求中必要的一環。

西方世界對禪修有著錯誤的看法。光是「禪修」一詞，便會令許多人氣餒，以為禪修必須在一個完全與世隔絕的地方，在一棵樹下、或是山洞中，讓自己餓得要死。他們以為禪修代表放棄一切，家庭、房子、財產、財富等。因為心中存在這樣的誤解，所以一聽到「禪修」便嚇得半死。但是事實並非如此，禪修不代表我們必須放棄一切。所謂開展智慧的方法，便是進行修持，並將我們的修持融入日常或是世間的活動當中，這即是禪修。然後，慢慢地、逐漸地，我們的精神力量與智慧就會開展出來。

當我們開展出內在的功德特質時，我們對外在的物質便自然沒有貪著；對物質上的財產與財富，我們毫不費力地就不會去貪著。這種無所貪著隨著內在功德的開展而自然發生，我們無須強迫自己去放棄任何東西。隨著內在功德的開展，我們會輕而易舉地不去貪著財產與財富，就像是冬去春來，我們褪去冬天厚重的衣服一般；而當夏天的暑熱來臨時，我們也會褪去春天的線衫。這也像是從一個不友善的國家到一個友善的國家一般，我們自己會毫不猶豫地離開前者，而前往後者。我們經歷的所有改變、所發生的一切事情都是非常愉快的，沒有絲毫的不愉快，因為它是伴隨著我們內在的成長而來。

若非如此，放棄事物會令人極度不悅。例如西藏難民在毫無選擇下被迫離開祖國，對他們而言，從西藏來到印度是極度心不甘情不願，因為他們尚未充分開展他們內在的功德特質，仍然對自己的土地有所貪著。但若開展出內在的功德特質時，它就不會像這樣，而讓放棄事物變成是非常愉快的經驗。

再者，當說到修持時，許多人認為它會導致精神問題，他們覺得所有修行人的精神都不正常，由於他們還不想失常，於是猶豫著不願修持。正如他們覺得禪修會導致精神問題，讓他們無法獲得靈性上的成功一般，他們也認為禪修會將他們與世間的成功隔離開來。事實上，我向各位保證，如果你依止一位上師與法門，它絕對不會帶給你任何的精神問題。但是，世界上也沒有不可能的事情（眾笑）。如果你自作聰明，在沒有上師、老師的情況下，或是就只透過書本來進行修持，那就有可能出問題。

這可以比喻為閱讀一本很棒的關於奇妙之處的書籍。根據書的內容，我們可能開始朝我們認為正確的方向走去，但它可能是完全錯誤的方向，可是書本絕對不可能開口來糾正我們。同樣地，自學下的修持可能將我們帶往錯誤的道路。在讀過關於這個奇妙之處的書後，我們應該做的是，試著從已經去過那個地方的人那裡，獲得一些訊息，獲得到該處的指示、接受指導，這樣絕對不會出問題。我們可以造訪這個奇妙的地方，但是必須有老師的指導，我們無法真的靠自學去修持。

世界的達令

禪修並不會與世間的活動或成功起衝突。事實上，禪修能夠幫助我們在靈性上與世間上獲得成功。藉由禪修，我們學會如何放鬆、如何獲得平靜、寧靜，而內在的平靜帶來歡喜、愉悅的心。因為我們的內在平靜了、歡喜了，我們就能夠不帶任何挫折感、侵略性地與他人相處，並且總是保持一個愉快的心境。當他人感覺我們不具任何侵略性，而感覺我們愉快的心境時，他們自動會喜歡我們身邊的

氣氛，喜歡與我們親近，我們便會受到所有眾生的喜愛。

因此，藉由學習如何保持內心的平靜，我們更能夠面對世界的紛擾。禪修也會對我們有所幫助，因為我們透過修持，能開展出智慧；當然，智慧在任何活動中皆有必要。因此，證悟者曾經說過，透過修持與菩提心的開展，我們就能夠變成「世界的達令」（darling）[1]。我再重複一遍。開展出菩提心後，這裡是指內心平靜並且抱持利他的態度，我們就會成為全世界的達令，而不只是為一個，或是兩個人所鍾愛。全世界的達令受到每一個人的喜愛，想當然爾是極度地成功。

菩提心的開展不僅為自身帶來快樂，也為身邊的人帶來快樂。內心的平靜讓我們事事更順利。我們變得更能傾聽他人的問題，並且也變得更能幫助他們。如果有人想向我們傾訴苦水，我們若是憂鬱或是消沉的話，我們不但無法傾聽他們的心聲，可能還會因此而向他們發火，說出傷害他們的重話。但是，若我們的內心平靜愉快，這樣的事情就絕對不會發生。同時，在工作中，若是我們的內心平靜，我們會更為得心應手，不出任何差錯。在世間的活動中，我們需要有內心的平靜與祥和，事實上，在任何的活動中也是如此。

許多人期待禪修在短期內就能看見成果，可以說是想要隔夜就見效，但這是不可能的事。禪修是一項開展的過程，其中始終一致是要點。如果我們每天有規律地修持，即使是一小段時間，它也有助於我們的進展。如果我們一段期間每天修持很多個小時，之後數個

1 中譯註：善良、可愛、有魅力的人。

月忘記修持，那我們的修持將絕無進展。這就好比是在西藏旅行一般，在西藏我們沒有汽車、巴士、或是火車等，只能走路。如果我們開始走、持續地走，即使走得很緩慢，遲早我們會抵達目的地。但是，如果我們急速地快跑一陣，然後休息很長一段時間，之後再度連跑帶跳地向目的地奔去，我們極有可能扭傷腳踝，而永遠也到不了想去的地方。

如果我們持續修持，我們一定能夠達到目的。我們內在的功德——亦即「禪修的體驗」，一定能夠獲得開展。但是，這不會隔夜便發生。這就好像是出生為一個嬰孩，然後慢慢地成長，我們不可能一出生便是成人，而必須有耐心地在成長的過程中體驗事情。我們的確知道一旦出生之後，我們將能夠成長為完全的成人。同樣地，只要我們持續有規律地禪修，我們的內在絕對能夠因修持而成長。

這裡簡短介紹我們所有人身上有的美好功德特質，以及開展這些功德的正確方法。這方法包括聽聞佛法，思維我們所受到的法教，進行禪修，並且獲得我們修持的成果。在邁向完全證悟之佛果的過程中，我們會發現這個方法對生活中的每一個層面都有幫助。

| 第二項準備 |

與佛法結緣

無論何人、何時、何地，佛法都與每個人的境況有關。

佛法傳衍的歷史

今晚我要與各位分享佛陀的法教——佛法。

佛法的目的與利益為何？我們如何將佛法與現代生活連結在一起，並將之運用在日常生活當中？

藏文將佛法稱為「確」（chö），字面上的意思是「匡正不正確的」，例如將彎曲的讓它伸直，有疾病的讓它健康。佛法是為了幫助我們匡正自己、治療自己。

在西藏的大師將佛法傳遞到西方世界後，遂有「藏傳佛教」一說。但佛教的歷史可以追溯到二千五百年的印度，由印度傳到西藏的佛

法，與西藏大師傳遞到西方世界的佛法是一樣的。因此我們在使用「藏傳佛教」一詞時要小心，它指的是流亡在外的藏人傳遞到此的佛法，而並非是藏人創造出來的佛法。

如果對佛法不太熟悉，你可能會懷疑如此古老的傳統如何會跟我們的現代有關連。釋迦牟尼佛在宣說佛法時，依據的是個人的經驗與洞見。縱觀人類歷史，困惑、痛苦、不滿隨時可見，因此無論何人、何時、何地，佛法都與每個人的境況有關。正如佛法在過去有益，佛法在今日也是如此。這就好比是「水」與「渴」的本質：無論生活在數千年前或是現代，水——過去能夠並且永遠能夠解渴。

對佛法不太熟悉的朋友可能有這樣的猶疑：佛法傳遞到許多的文化當中，受到不同語言與習俗的人修持，歷經了這麼多年後，今日的佛教所反映出的，可能更是一個國家的習俗，而不是佛法的精義。其實不然，佛教在一千多年前傳入西藏，已經有成千上萬的人學習、修持佛法，並且獲得證悟，將自己由痛苦、困惑，與不滿中解脫出來。但是這麼多年來，西藏與印度的文化和習俗仍然非常不同，仍然是分開的。當未曾中斷的傳承的有經驗的上師在傳衍佛教時，他所傳遞的是超越任何特定文化或是習俗的佛教精髓。

比方說不同的語言，對同一物體有不同的說法。英文的「非爾」（fire），藏文的「昧」（mè），法文的「富」（feu），指的同樣都是「火」。只要我們指的是同一件事情，至於使用什麼詞彙來傳達並不重要，「非爾」、「昧」、「富」具有同樣的效用，指的都是能夠燃燒的火。

西元1959年共產黨進入西藏之前，西藏修持佛法的人口很多。因此

當藏人由西藏出走時，同時將這個生氣蓬勃、活生生的傳統帶到西方世界，於是西方世界遂有了直接學習並修持佛法的機會，他們自己就能夠直接體驗修持佛法的利益，而不需要間接地倚賴他人的想法，因此佛法很快地在西方世界紮根。

從這個角度而言，共產黨的入侵有其正面的效應。因為當時西藏境內佛教正興盛，社會的破壞就好比一團熊熊大火的火星，在全世界擴散開來，火星所到之處就有一團新火生起。如果西藏佛教在共產黨入侵之前就已衰敗，那麼老實說，流散在外的藏人，除了佛教的灰燼之外，別無他物可提供給世界，自然也就不可能燃起佛教的薪火。這就是源自印度，經由西藏而傳到西方世界，一段活生生的藏傳佛法西傳歷史。

心的狀態

關於佛法在日常生活中的應用，我們可能還是會懷疑：佛教是否真的與我們有關。我們可能同意在偏僻的地方如西藏，佛教應該在許多方面有所助益，而對於那些生活中沒有太多娛樂的人，可能也會有幫助。因此，我們會問：在我們進步、富足、樣樣都有的現代社會，我們還會需要什麼其他的東西嗎？看看我們所居住的這個現代社會，我們是如此地緊張忙碌，經常與時間進行令人感到挫敗的賽跑，過去的人從來沒有如此地忙碌。如果我們仔細檢視此不斷推進、永無止盡的躁動，如果我們注意去想「為什麼」的話，我們可能會承認，自己已無法自拔地陷在其中，原因便是為了感覺更幸福、和諧、滿足與內心的平靜。

雖然我們內心深處真的很想獲得這些，但是我們卻經常將自己填滿、經常讓自己忙碌，而這只會帶給自己更多的不滿、挫敗與痛苦。有些做對了的事情，的確會帶來短暫的舒解或安適，但正由於它是短暫的，因此也是不定的，反而是另一個困擾我們的問題。因此，對於目前的痛苦以及未來的痛苦，我們都必須要面對。再看得更遠一些，我們可能會發現我們的生活方式可以有些修正。要是我們能夠對自心有著再好一點點的控制力——也就是知道我們可以倚賴當下經驗的內心狀態的話，這種確認會對我們生活的品質，產生巨大的改變。

我們需要且可以體驗到的，是心的一個更正常、更柔軟的狀態。這樣的體驗無法在身外覓得，外在世界的物質無法帶給我們一顆平靜、溫柔的心。如果我們繼續仰賴外在物質，來體驗心的充實與富足，絕對是行不通的，過去沒有人成功過，將來也不會有人成功。如果我們仔細想想，道理其實很顯然，外在物質可能提供暫時的抒解，但是我們無法一直倚賴著這種無常的解決方法，因為我們的生命太寶貴了，有太多的潛力了，我們必須在自心上下功夫，運用自己的能力，以期獲得一顆祥和、富足的心。

這個例子可能有助於闡明此點。假設有人躺在床上，受到劇烈癲疝的折磨，由於極度地痛苦，這個人在床上翻來覆去，試著用高一點或矮一點的枕頭，一直變來變去，想要讓身體舒服一些。但是這些外在變化帶來的，只是短暫的舒解，因為問題不在於外在的物質，如床或枕頭，而是存在於內在。因此，操弄這些外在的事物無法解決問題，唯有當這個人獲得正確有效的治療後，疾病才能痊癒。這裡的要點是，治療之所以有效，乃是由於這個人有被治癒的能力。

同樣地，無論我們感覺自己多麼憂鬱或是無能為力，我們都有經驗到自心富足、和諧的潛能。同時，為了提供世界更好的服務，我們必須堅毅地培養這顆柔和、清晰、無惑、不自殘、不將生活扭曲的心。

禪修的重要性

這即是佛教強調禪修的原因。禪修並不是指讓自己做一些稀奇古怪的練習，而是運用一些簡單的技巧來降伏自心。無論心如何地狂野、不安、不定或迷惑，總是有能夠降伏它的禪修方法，而我希望與各位分享這些方法。如果你正確而有規律地禪修，進行修持的話，我保證你一定會逐漸體驗到一種能對你的生活帶來重大改變的內心狀態。雖然我已經到了遲暮之年，但我希望能夠等到你體驗到簡中滋味的那一天。

禪修對任何人的日常生活都很重要。禪修是以適合的方法來培養一個更柔和、更平靜的心，它也可以說是熟悉心的正常狀態（平常心）的一個過程。當我們經驗到了心的正常狀態，並對它習慣熟悉之後，禪修便成為一個稀鬆平常的經驗。當然了，我們應該要承擔世間生活的責任，吃得飽、穿得暖、去上班。但這裡的重點是，當我們在做這些事情時，我們應該帶著歡欣、喜悅、美好的心情，而不是帶著沮喪、猶豫與不滿來加重事情的負擔。這樣的態度能利益自身以及所有跟我們相處的人。當我們感到健康、和諧時，我們的心會變得有力量，而我們所處的情境會有著不一樣的基調。

當我們的心處於如此清明的狀態中時，是否有外在造作的舒適與安

樂就不重要、也不相干了。例如在我們運氣特別好的一天，事事都順利，而我們的心特別平靜快樂，對任何想做的事情都有興味，並且輕而易舉地就達成了，這時的世界似乎是有情有義。相反地，如果我們對生活感到迷惑而混亂，任何身邊正面的事情都會被我們認為是個討厭的麻煩，沒有一件事情看得順眼，事事都讓我們沮喪。比較這兩個例子，我們就能看到這些完全取決於自心的狀態。

內心狀態的重要性，可以用一個正在做日光浴的人來說明。躺在熱沙上，受到艷陽的照射，客觀而言，這並非是個怡人的地方，但是做日光浴的人卻不這麼想；他們高興地讓陽光烘烤皮膚、讓皮膚起水泡。由於他們心裡高興這麼做，因此所經驗到的痛不算真正的痛。如果同樣的一個人為別人在戶外工作，陽光將他的皮膚曬紅起水泡，要不了多久，自己可能就發著牢騷：「他們讓我在烈日下工作，還讓我曬傷起水泡？」

同樣地，我們若是在玩遊戲，雖然可能完全筋疲力竭、全身酸痛，但是我們仍然不願停下來。為什麼呢？因為我們玩得開心，所以疲乏勞累不是問題。如果我們的心歡喜，受再多的苦也不惜，不但不覺得是一種負擔，反而感到的是一種輕鬆愉快。若是事實果真如此，我們為何不能對其他形式的疲累輕鬆以待？為何不能高高興興地處理其他種類的痛苦呢？我們絕對具有這樣的能力。

【第一堂課】

基礎的練習課：佛陀的主要法教

受持佛法的因緣

今生之所以受到佛法的吸引，是過去生習氣的延續所致。

按照西藏的傳統習俗，在像感恩節這樣的節日裡，應該要說些與這個節日的意義有關的話，但除了知道感恩節會吃很多的火雞之外，我對這個節日一無所知，所以實在無法為各位說些什麼。但是，我要感謝大家放棄與家人團聚以及吃喝跳舞的機會，專程來到這裡聽課，這展現了各位對佛法的尊重與虔信。我對各位這種虔敬的表現感到非常歡喜。

過去的因・現在的緣

你對佛法虔敬的穩定度，來自於過去的因與現在的緣。過去的因指的不只是你今生，還包括過去生你與靈性修持所結下的緣份，特別是與佛法結下的緣份。無庸置疑地，我們過去生都曾與佛法結下很好的緣份，而我們今生之所以受到佛法的吸引，是過去生習氣的延續所致，因此會去行善，會去修持佛法。沒有這些過去的因緣所形

成的習氣，我們不可能會有想要修持佛法的強烈欲望。這就好像將草餵給肉食動物如老虎一樣，老虎靠吃肉而活，因為沒有吃草的習慣，所以牠不會想去吃草。同樣地，想要修習佛法的動機，必須是來自過去的因緣。

同時，只有過去的因緣並不夠，還需要有現在的助緣、現在的條件。許多學生告訴我，雖然他們有份好的工作、美滿的家庭，還有在西方就能夠接觸到的數種宗教的選擇，但是他們仍然覺得有些不圓滿。這種不圓滿讓他們一直在尋找，直至找到某樣超乎他們的家庭與工作的東西，這即是所謂的「現在的因緣」。如果沒有學佛的人、沒有善知識或老師、沒有學佛的地方，我們便說不具足接觸佛法的現在因緣。善知識、其他學佛的人，以及一個大家能夠禪修的地方，這些對喚醒過去與佛法的緣份、習氣，非常重要。

因此，在場的所有人，肯定曾經在過去生與佛法結過緣，而我們每一個人的身上，都有證悟的潛能、佛性。雖然我們具備這些，沒有當下的適當因緣，我們內在證悟的潛能也無法被喚醒。這就好比是一顆種子，它雖然具有成長、結果的潛能，但是如果缺乏適當的土壤、濕度和溫度的話，它便無法做到。我們都曾在過去生結下法緣，也都有證悟的潛能，但是在沒有善知識的協助，沒有其他的修行友伴，沒有學佛的地方的情況下，我們自己無法將此能量喚醒。

適當的因緣條件

修行的道路上，必要的因緣條件對我們體驗證悟的狀態而言，非常重要。我們都知道一百年前美國還沒有藏傳佛教；雖然說一百年以

前，這裡的每一個人都具有證悟的潛能，但由於藏傳佛教尚未立足於此，因緣條件不具足，所以當時的人無法獲得證悟的體驗。當時沒有法師、佛書等等，雖然人們有這種證悟的潛能，他們仍然無法將自己身上的潛能喚醒。現在的人就很有福氣，因為現在的因緣條件都具足了。

回到之前種子成長的例子，即使這個具有成長潛能的種子，遇到了適當的土壤、水份，與溫度，但是如果這些適當的條件無法持續存在的話，種子也就無法持續地成長。同樣地，要喚醒證悟之心、證悟的潛能，遇到適當的條件一次並不夠，而是必須持續有適當的因緣條件。這就是為什麼第十六世大寶法王噶瑪巴來此傳一次、兩次法是不夠的，因為這樣並沒有連續性。法王噶瑪巴看到了連續性對喚醒我們每一個人的證悟之心的重要性，因此他在此設立了一座佛學中心（噶瑪三乘法輪寺），並且敦請其他上師來此教學訪問，使得我們有持續培養證悟潛能的機會，並且藉著這樣的連續性，有一天我們便能夠完全地體驗到此證悟的潛能。

因此，很重要的是，噶瑪三乘法輪寺的工作人員與護持者不要氣餒。就目前的情況來說，我們可能很容易在社會上和經濟上感到挫折，覺得甚至這裡的全職員工無法拿到全額的薪資，或者覺得已完成的計劃不多，感覺似乎許多人在這裡沒日沒夜地工作，但卻拿不出什麼結果給別人看[2]。從宏觀的角度來看，我們投注在這個特別的地方的所有精力與金錢，是為了在未來幫助成千的眾生，雖然目前還看不出，但是將來絕對能利益到無數的眾生。因此，我們在過去

2 英譯註：這是仁波切在1989年11月份所做的開示。在這之後，噶瑪三乘法輪寺與其附屬的噶瑪林閉關中心已有許多顯著的建設。

與未來，給予噶瑪三乘法輪寺的人力和財力上的任何援助，絕對不會浪費。我們是為了未來的世代而努力，我們應當為此感到鼓舞並且更有信心。藉著我們的努力，我們是在為眾生提供學佛的必要條件，因此，也就是在提供將來每一個人成佛的機會。

佛法的目的與方法

佛法中禪修的目的是什麼呢？禪修的目的是為了開展心中內在的快樂、祥和，與平靜。由於禪修的目的是為了培養內在的平靜，藏傳佛教的總旨，也在於藏文稱之為「釀帕桑傑」（nangpa sangye）的內在的平靜；這裡「釀帕」的意思是內在，「桑傑」是覺醒、證悟的狀態。藉由內在平靜的培養，我們是有可能經驗到覺醒的狀態，亦即當適當的因緣條件聚合時，內在的平靜是可能獲得開展的。

藏文「釀帕」（或「內在」）代表為了體驗身體的輕安、平靜與舒坦，我們首先必須降伏狂野煩亂的心。透過平息煩亂的念頭、煩躁的心，我們的行為自然就會溫和、有益，並且遠離暴力。

此內在的平靜，不僅能降伏煩躁之心，而開展祥和之心，它也能夠引領我們邁向證悟。我們可以藉由證悟的藏文，來對證悟的意思有更清楚的瞭解。證悟一詞的藏文為「桑傑」（sangye），「桑」意思為去除，「傑」意思是開展或盛開。需要去除的，包括一切的謬誤、每一個可能的妄想、迷惑，以及煩惱。將這些去除之後，我們可能會問：「然後呢？去除了迷惑，沒有了所有的過失、錯誤之後，會怎樣？」這個時候就是「傑」開展（或盛開）適用的時候了。

所謂需要開展的是神通、圓滿、智慧，以及洞見。因此，將所有的謬誤完全去除，並將智慧與洞見完全開展的功德，即是證悟，也就是「桑傑」，而達到證悟的方法，便是透過內在的修持——禪修。

除了開展證悟的功德，如智慧、洞見等，我們也必須培養精進，這包括在為了自身的利益而精進的同時，也為他人的利益而精進。證悟的想法相當引人入勝，但是如果我們認為某人可以像送出一個禮物般地賜給我們證悟的話，這便是個完全的誤解。唯有透過自身的努力，才有證悟的可能。領受了修行的口訣後，是否能夠獲得證悟，取決於我們的精進。

佛教將趨向證悟的修行過程分為「根」、「道」、「果」三部分。這裡的「根」是我們的潛能，「道」是我們的修持。持續且始終如一的修持是獲得成果的必要條件，缺乏這種始終如一的修持，則可能無法獲得成果。佛教向來是以根、道、果的分類來論述。

在修持的類別下，還可依照小乘、大乘、金剛乘來進行分別。當我們聽到小乘、大乘、金剛乘的名相時，我們可能會以為這是三種不同的修行道；而由於認為有三種修行道的關係，我們也可能會認為有三種最後成就的果位。為了去除這樣的誤解，重要的是我們必須指出，雖然修行道有三種，但是其成就的並非是三種不同的果位，而是只有一個結果、一個果位。

各位可能會問：「為什麼需要有三種修行道呢？何不簡單一點，一條修行道就可以了呢？」之所以需要有三種修行道，是因為我們每個人的心智能力不一樣，有些人聰慧根利，有些人不那麼地聰明，而有些人則遲鈍。因此，需要針對不同根器的人的理解力，來給予

不同的法教。將最高深的法教傳授給那些無法理解它們的人，這麼做並沒有意義。

將人類區分為三種不同的根器，就好比是嬰兒、孩童、成人，而不同的修行道或法教，就像是不同種類的食物一般，如果我們試著將成人的食物餵給嬰兒吃，這個嬰兒不見得能夠存活，因為嬰兒需要的是奶水。同樣地，如果給一個孩童只夠餵食一個嬰兒的奶水份量，這對那個孩童來說可能不夠，因為年紀比嬰兒長的孩童，所需要的奶水比嬰兒還多。更進一步而言，給一個成人一瓶奶水可是一點也不夠，因為成人需要大量可供咀嚼的食物。所以，因為不同的消化能力，而必須有三種不同種類的食物。同樣地，因為不同人的理解力不同，所以也要有三種不同的修行道。

最後，我們一定不能這樣想，以為一直依止小乘的修行道就夠了。正如嬰兒成長為少年，接著長大成人，而需要受用成人的食物一般，為了體驗圓滿的證悟，即使我們目前修持可能是小乘，我們也要想著自己繼續朝著更大、更高的法乘邁進。

「諸惡莫作」：
降伏煩惱與十惡業

透過止的禪修來平息自心，培養心的平靜與安定。

先前我們簡單地介紹了佛教，談到成為一個修持得力的行者所需具備的因緣條件。今天，我們會更深入地講解佛教義理與七佛通戒的四句偈。

身、語、意三門

在談到惡行時，我們指的特別是若對其他眾生做出極為有害的事情時，我們會受到痛苦的報應。因此，它也是對我們自身有害，這樣的行為一點也不愉悅或正面，這即是它被稱之為「惡行」的原因。根據此第一句偈文「諸惡莫作」，我們需要遮止的不僅是某些惡行，而是所有惡行都必須完全地遮止，意思是說我們應該試著絕不造作任何的惡行。

一般而言，一切眾生都非常想要獲得快樂、成功，以及善業。由於每一個人希求的都是這些東西，因此每一個人便會全力以赴地去獲得快樂、和平與成功。雖然一切眾生付出全副精力來獲得快樂與成功，但幾乎沒有一個人經驗到圓滿的成功，或是免於痛苦、疾病的圓滿快樂。不管多麼地努力，要持續地獲得這樣的成功是非常地困難。眾生之所以難以完全滿足自己的心願，原因在於不明白導致他們失敗與不幸的是惡行，而帶給他們成功、自信與滿足的則是善行。由於不瞭解這點，眾生帶著迷惑，盲目地參與許多的活動，希望能夠圓滿他們的心願，獲得究竟的滿足，但帶著迷惑行事的後果，便是他們經常犯錯。

主要來說，我們止惡行善是為了自身的利益。如果造作惡行，我們就會受到惡業的痛苦、有害的果報。如果一個饑餓的人，為了能夠飽足而吃下有毒的食物的話，那麼痛苦的會是誰呢？痛苦的只有這個人他自己，他不但會遭受到極大的痛苦，甚至會失去自己的生命。無論這個人的用意為何，這的確是個事實；由於饑餓以及不當心，這個人可能誤食有毒的食物而遭受痛苦。

同樣地，帶著迷惑、不圓滿的覺知而行事的結果，我們註定會犯錯並且傷害到其他的眾生，而其報應也必定是要自己承受。同樣地，我們若行持善業並累積功德，自己也會承受到好的果報。簡而言之，我們行善與行惡的果報，皆非他人能給予，或是他人能盜取的。任何事情，無論是善行或惡行，它的造作者也必定是果報的承受者，也就是所謂的「善有善報，惡有惡報」。

再重複一次，惡行的嚴重性在於「惡有惡報」，這也是惡行的定義。根據這句偈文「諸惡莫作」，我們可能會想：「我怎麼能夠知

道自己有沒有涉及任何的惡行呢？我瞭解惡業的意思，並且相信惡有惡報，但是我如何能夠確定自己沒有造惡？」答案是對三件基本的事情保持正念覺知，便能夠幫助我們遮止惡行。此三件事情為：我們身體上行為或活動，我們的語言、口中所說出的話語，我們的念頭、思維的過程。如果對我們的身、語、意這三點能夠小心謹慎的話，我們就能夠避免一切的惡行。

通常，我們可能覺得身體是最有力量的，所以首先應該要訓練自己不要有邪惡的行為。我們之所以會這麼認為，是因為暴力是身體上的行為；但是如果我們更深入地去檢視，我們會發現身體不是最有力量的，語言不是最有力量的，最有力量的其實是我們的心。倘若我們沒有瞋恨的念頭，除了身體上可能經驗到的痛苦，身體上是不會有回應的行為。反之，倘若我們有瞋恨的念頭、或是傲慢的念頭等，我們在語言上就會表現出來，在言談之間就會呈現出瞋恨或傲慢。因此，身體與語言只是跟隨著我們的起心動念而行。

若身體是最有力量的，那麼一具死屍將會非常有力量。事實上，一具屍體只能躺在地上而無法做出回應。沒有心，身體是完全無助的。因此，心才是最重要的，這也就是正如我們之前所討論到的，佛教所強調的第一件事情，便是平靜自心。

之前我們提到了小乘、大乘、金剛乘三乘；今天我們討論到了身、語、意三門，而此三門是我們可能造作惡行的根源，其中最主要的、也最有力量的便是心。

十惡行

現在我們要詳細講述惡行的根源。這裡有十項惡行，身體上的有三個（身三），語言上的有四個（語四），心上的有三個（意三）。此十惡行恰好是十善行的反面，被稱之為身、語、意的十項惡行。

身體上的三個惡行

如前所述，在所有的惡行與善行中，心扮演著重要的角色，因此，此三個身體上的惡行也都與心有關。身體上的第一項惡行是「殺」，第二項是「盜」，第三項是「淫」。

第一項惡行「殺」，可以再細分為三類。第一類是為貪愛、執著而殺，例如貪愛動物的肉、骨、皮、毛等而殺。再者，我們也可能因為瞋恨、憤怒而殺，這點無須太多解釋。瞋恨的力量很強大，一個變得生氣、憤恨的人，可能會想去摧毀某物、某人、或某個生靈。第三類是因無知而殺。殺生者並不真正瞭解受害者的痛苦、折磨，以及不幸，而把殺生當作是項娛樂，不知道受害者所受到的巨大痛苦，而迷失在殺生的快樂當中，這便是因迷惑、無知而殺。

第二項惡行「盜」，這裡的偷盜，指的是拿取某件嚴格上來說不屬於自己的東西，亦即不告而取。如果這是與他人共享的物品，那麼將它拿來用並不構成偷盜。或者，已經向另一個人徵詢過，並且在獲得對方的同意下而取，這種情形就不算是偷盜，即使對方不記得曾經答應過等等，也不是偷盜。

如前所述，偷盜也可以按照貪、瞋、癡三毒煩惱而分為三類。第一類是基於貪的偷盜，覺得某件物品非常吸引人、非常有價值，而自己的經濟條件不是太好，無法負擔這麼昂貴、有價值的東西，因而便盜取了這個東西。這是基於貪心、執著所起的偷盜。第二類基於瞋恨的偷盜，指的是盜取某件物品來令失主痛苦；這個所盜取的物件不見得對自己有任何的用處，但是知道其擁有者沒有這個物件會感到痛苦，所以是基於想讓這個人痛苦而行的偷盜。第三類基於癡的偷盜，指的是在迷惑無知下而取，並非自己需要這個東西，也不知道這件東西對他人的重要性，但卻造成了對失主的傷害。例如，我們可能拿了一部機器的一個小零件，像螺絲之類的東西，但並不知道這會對主人造成多麼大的不便。基於無知而去盜取螺絲，雖然並非有惡意，或是對自己有實際的用途，但是仍然對主人造成了某些傷害。

第三項惡行「淫亂」，或是不當的性行為。在英文中，淫亂通常指的是與其他已婚的人的性行為。但是在佛教裡，淫亂有其更深廣的意思，它同時也是指亂倫的性行為、與受過出家戒的人、或是與已經有親密伴侶的人的性行為。由於「淫亂」一詞在佛教中的意思比英文的用法更廣，許多人會用「不當的性行為」來代替「淫亂」一詞，因為這樣它所包含的範圍更廣，有亂倫的意思等。

不當的性行為同樣可依貪、瞋、癡而分為三類。因貪著而起的不當性行為，指的是極度受到對方的吸引，雖然知道對方已婚，或是自己已婚，仍然感到這種誘惑、貪愛與執著，而導致自己淫亂。因瞋恨而起的不當性行為，舉例而言，可能是自己認識一對夫妻，而想要傷害、拆散他們。為達此目的，可能會利用與其中的一個人發生性關係，在他們之間製造嫌隙，讓他們產生極大的困擾與障礙，導

致他們的分離。因無知而起的不當性行為，指的是基於一種極度困惑的狀態，事前不瞭解、並且沒有謹慎地去詢問，事後才發現做出淫亂的行為。由於這是基於無知、困惑，因此這種淫亂與無知有關。

語言上的四個惡行

我們之所以做出身體上的三種惡行的原因，與我們的心有極大的關連。同樣地，會導致我們行使語言上的惡行，也是因為這顆心。語言上的四種惡行為：「妄語」、「兩舌」、「惡口」，以及「綺語」。

如前所述，語言上的惡行不僅與心有關，同時也與三種煩惱有關。例如，我們會因為貪著而妄語，可能我們對某件東西執著，並且為了獲得所貪愛、執著的東西，而藉由妄語來掩蓋不實的情況，希望因此能夠獲得所愛之物。基於瞋恨的妄語，指的是明知他人在發現事實之後會痛苦，而去欺騙他人。這種知道後果會帶給他人傷害的情況下的妄語，是屬於基於瞋恨的妄語。基於無知的妄語，指的是在缺乏知識下的妄語，因為不知道而說出不正確的內容。因為不瞭解而曲解了事實。舉一個例子，但請大家不要太注意它表面上的意思：這就好比是某人來向你問路，而你誤導了他們，以為自己所指的方向是南邊，但其實卻是往北。你沒有說：「我不知道」，反而說了其他的內容，給了錯誤的指示。這種妄語不是因為瞋恨，也不是基於貪愛，而是來自於無知。

第二項語言上的惡行是「兩舌」，指的是破壞和諧，在一群極為和

諧的團體中製造不和諧（如果一開始就不和諧的話，就沒有所謂的破壞和諧可言）。例如，我們可能在一個社區，或是一對恩愛的夫妻中間製造混亂。

再次地，我們可能因為貪著而在團體中破壞和諧，或製造分裂，希望從分裂中謀取一些朋友；之所以這麼做，是因為對朋友的貪著。用言語來破壞和諧的方式，便是說謊話，在人們的心中製造出一些想法，讓他們因此而決裂。基於瞋恨而破壞和諧的理由相當明顯。第三類基於無知而破壞和諧，可能來自於無心之過，不知道自己在說些什麼，或是不經謹慎思考，原封不動地重複自己所聽來的話。我們沒有警覺到讓某人知道另一個人所說的話，有可能會造成傷害。因為無知而直接地轉述所有聽來的話，在團體當中或夫妻之間形成分裂。

第三項語言上的惡行是「惡口」，與其他語言上的惡行一樣，同樣是與貪、瞋、癡有關。我們可能出於貪執而口出惡言，為了降伏他人讓自己變得強勢。我們可能對別人說很不客氣的話，說的不一定都是實話，目的為了壯大自己的力量。這在古代比較常見，那時候的國王與大臣因為貪著自己的地位，可能說出很惡毒的話來鞏固自己的權勢。基於瞋恨所說的惡言無須多做解釋，當一個人生氣時，會說出令他人痛苦、受傷的話語。第三類基於無知的惡口，其中一個例子便是我們可能想要開玩笑，例如講一個有關種族的玩笑，沒有傷害他人的意圖，只是開個玩笑，但是由於這是有關種族的玩笑，有那麼一、兩個人可能會受到很大的傷害。這裡不涉及貪著或是瞋恨，只是基於好玩、娛樂，但卻傷害了他人，這即是基於無知的惡口。

第四項語言上的惡行是「綺語」，它的藏文字其實是句俚語，意思相當於英文口語的「閒談」一詞。閒談是我們浪費生命的主要方式之一。例如假設有三個人，一位是修行者，一位是工人，一位是愛嚼舌根的人。當修行者在修行、工人在工作時，這個愛嚼舌根的人則在閒談。三個小時後，修行者做完了功課，並且有所斬獲；工人做完了他的工作，或是做完了三個小時內可以完成的事情；但是這個愛嚼舌根的人不但沒有完成修持或工作，反而充滿了煩惱、念頭，以及對過去與未來的猜疑，感覺什麼也沒有達成，並且由於說了這麼多關於功成名就者的事情，反倒覺得自己是個徹頭徹尾的失敗者，三個小時過去了，但卻一事無成。因此，閒談、蜚言蜚語是浪費一個人生命的主要方式之一。

一如前述，綺語也與三種煩惱有關。基於貪愛而綺語很容易瞭解，有些人就是很愛說一些有的沒有的，很喜歡講別人的事情，或是關於自己的過去，自己的一生，以及自己將來的計劃等，而且很愛不斷地重複說著同樣的內容，這即是基於貪愛的綺語。所謂基於瞋恨的綺語，指的是很愛去談論自己所受到的傷痛，例如前任情人，或是父母等給自己的痛苦，重複來重複去地說著情人，前任情人、其他人等，對自己的傷害與痛苦。雖然自己很愛說這樣的閒話，但是這樣的行為絲毫沒有結果。當然了，有時的確有必要將它說出來，但是重複地與一些人說著這樣的事情，實在是浪費時間。第三種情況是基於無知的綺語，也就是將所有自己私人的事情，對不熟識的人和盤托出。這就好比是打開罐頭，將其中所有的東西完全傾倒出來，口不擇言地什麼都說，不知道哪些該說、哪些不該說，包括一些禁忌、性傾向，以及恐懼等等，都全盤托出。

心上的三個惡行

心上的三種惡行是「慳貪」（羨慕）、「瞋恨」（害念），與「邪見」。「慳貪」，或是一直覺得眼紅，意思是說從來不珍惜自己已經有的，反而滿心想要獲得他人有的東西。一個慳貪的人，總是見什麼要什麼，不努力去獲得自己想要的東西，只是嫉妒著別人有的東西。慳貪（羨慕）是嫉妒的一個分支。

心上的第二項惡行是「瞋恨」。有些人天生就希望別人受苦，並且樂於看見他人的傷痛、受苦與不幸。這種心念不僅具有破壞性，同時也遏止了對他人的協助。因此，我們需要避免這樣有害的念頭。這種有害的念頭也是嫉妒的一個分支。

心上的第三項惡行「邪見」，與三種煩惱有關。基於執著的邪見，指的是因為執著於如此一個不正確的見地，而不願意將它放棄，即使這個見地是有害的、謬誤的，或有過患的。對酒精或是藥物上癮的人就是一個例子；無論社會或家人如何清楚地解釋，對這些東西上癮無助於自己本身、自己的健康，或是自己的家庭，但是這些有酒癮、藥癮的人，雖然心裡明白卻對此否認；他們試著轉移自己的注意力，或是找理由狡辯這些東西的無害。他們對某種東西上癮、執著，不願意放棄，並且尋找藉口，這便是基於執著的邪見的一個例子。基於瞋恨的邪見，指的是由於瞋恨而故意將看似是對的事情變成是錯的，這樣有意地去傷害他人。基於無知的邪見意思是說，自己由於無知而無法分辨對錯。這種無法區分對錯的本身，即是基於無知的邪見。

降伏煩惱

簡而言之，正如我們所談論到的，佛教解釋安坐禪修的目的是為了要降伏煩惱。我們可能無法相信自己能夠達到這個目的，並且覺得這簡直超乎自己的能力。我們自身的煩惱感覺如此有力量，我們怎麼可能克服、降伏自己的煩惱？在前面詳細的探討中，我們提到了煩惱的根源，以及來自身、語、意三門的十項惡行。再者，這十項惡行可以分為身體上的三個、語言上的四個、心上的三個惡行。我們還進一步討論了身、語、意的十項惡行，其實是與貪、瞋、癡息息相關。

為了平息此三種主要的煩惱（其下有許多的分支），我們首先必須學會透過安坐禪修來培養定力或專注力。以心的安定（止的禪修）的這個基礎來平息煩惱後，我們便可以透過觀的禪修而完全斷除此三煩惱，徹底由身、語、意十惡行的因解脫出來。如果不從這個問題的根本下手的話，要避免惡行將非常困難，因為問題的來源仍然根深蒂固。

舉例而言，假設我們要去除一棵有著上千個枝幹的巨樹，如果一根一根樹枝地去砍它，可能需要數天或數月的時間才能完工。如果我們沒有去動到樹根，雖然砍下了其他樹枝，新的樹枝還是有可能生出來。因此，去除這棵千枝巨樹的實際方法，應該是將樹根剷除，或是不讓這棵樹獲得水分，讓樹根乾枯。

同樣地，去除身、語、意十惡行的有效方法，便是剷除煩惱，亦即剷除這些惡行的根本。為達此目的，我們首先必須透過止的禪修來

平息自心，培養心的平靜、安定。這樣地做好了準備之後，我們接著可以運用觀的禪修來完全焚毀、剷除煩惱。

有些人會對修持佛法產生恐懼，並且對於不造作十惡感到害怕，他們想：「我如果不造作身、語、意的十惡的話，會被社會孤立，社會上的人會認為我是怪胎。我會跟別人很不一樣，這樣就絕對不會有任何的朋友。」如果我們以一種更實際的心，來看待這件事情的話，我們會發現大部分有智慧才能的人，會去尊敬一個真誠、實在的人，並且也會欣賞一個性情溫和柔軟的人。沒有人喜歡聽刺耳的話，而閒言自然是另當別論。有智慧的人其實不喜歡閒言閒語，但有些人會喜歡說閒話，因此情況有些不同。但是，大部分的人會信任並願意與一個不偷盜的人做朋友，對這種人的話語和行為感到信任。有些團體中的成員會去做偷、騙等事，若不跟著這麼做的話，可能會受到驅逐，這就代表著自己可能不適合這樣的團體。但無論如何，在大部分的社會中，如果我們修持佛法並摒除身、語、意的十惡行的話，我們就會成為這個團體中最好的人。

至於不同惡行的相對後果而言，由於無明、迷惑、無知而去造惡的惡業是最輕的。因迷惑、非有意造作的惡行，其後果不是太嚴重，比較嚴重的是基於貪著所行的身、語、意上的惡行，而最嚴重的惡業則是基於憤怒、瞋恨而造的惡行。

有時候，我們可能會想，知道這些身、語、意十惡行的目的是什麼呢？你我都有貪、瞋、癡此三種煩惱，因此知道這些很重要。只要我們還有這些煩惱，我們就會經常受到身、語、意十惡行當中某些惡行的驅使。我們當中有些幸運兒是由特別好的人撫養成大，因此

被教育不要在身體和語言上與煩惱糾纏。但是，我們大部分的人並沒有這樣的機會，可以在這麼好的人家當中成長，因此我們總是重複地在煩惱生起的當下，造作身、語、意的惡行。一生起煩惱，我們便重複地造作基於貪、瞋、癡的惡行。在學習到這些煩惱是絕對的負面（非正面）之後，這樣的知識可以幫助我們，將對惡行的參與降到最低程度。

那麼，今天我們討論了身、語、意上的惡行，以及我們如何造作惡行。同時我們也談到了三種煩惱，亦即身、語、意的負向層面。之後我將介紹一個技巧，教各位如何將身、語、意上的十惡行，轉化為身、語、意上的十善行。

問答集

【問　題】仁波切，我有一個關於言語的問題。特別在工作中，似乎很難不涉及到言語上的惡行，我覺得分化的言語尤其難以避免。我正在想一個好的比喻來說明它的困難之處。一個例子便是在進行大計劃時，一個人用的是一種打字機，另一個使用的是另一種打字機；如果他們是獨立作業的話，這不會構成問題，但是如果他們必須在同一個計劃上合作的話，這就行不通了。因此，我就必須跟彼此不覺得有衝突的這兩個人說：「嘿！這完全不對，你們這樣不對。」我這樣可能就把一個平靜、良好的情況，變為一個大家不和諧、互相謾罵的情況了。所以，似乎很難在將工作做好與非分化性的言語之間取得平衡。在這種情況下，是否最好保持緘默？或怎麼辦？

【仁波切】基本上，明天會討論到對這個問題的完整答案。今天我們只是討論身、語、意上的負向層面。就言語上來說，並不是我們必須永遠保持沉默。明天我們會說到正確的說話方式。言語可以是負面的，也可以是正面的。因此當你看到兩個人，或是團體的某個計劃有錯誤，你也沒有理由保持緘默。但在你指出這個錯誤之前，非常仔細地分析其背後是否有自私的動機很重要。如果沒有自私的目的，真的只是看見會讓這個計劃無法完成的一個錯誤，那麼這就完全不是負面的言語。任何時候只要有自私的想法，就會讓每一件事情有點負面。我們明天會再詳細說明，但現在所說的也應該回答了你的問題。

【問　題】我有個關於家裡的問題：夏天時，昆蟲和老鼠會進到屋子裡，但我不想讓牠們在屋裡，這該怎麼辦？我可以殺死牠們

嗎？怎麼處理這樣的情況？

【仁波切】事實上，這是一個非常難以談論的問題。這也就是為什麼佛教要先談到平息、訓練自心（修心），接著才提到禪修。當我們慢慢能夠訓練自心時，我們會瞭解到人類、動物，以及昆蟲之間的平等性。如果還沒有訓練自心，我們仍然會以「我的領土」、「他的領土」等來看待事情，會有這樣領土之分的觀念。只要還有這樣的觀念，就非常難以談論這個殺生的課題。如果你認為自己可以殺生，而這可能意味著奪去數千尾昆蟲，或是數百隻老鼠的性命的話，我就真的不應該同意你去殺生。

同時，如果我告訴你完全不能殺生，這也很困難，因為沒有人喜歡家裡有昆蟲或是老鼠。如果我們真正以公平的角度來看這件事情，我們可能會問：「究竟這是誰的地盤？」事實上沒有真正的地盤，不可能有「我的」、「他的」地盤領土。就某個程度而言，這個宇宙大世界屬於每一個人，我們必須學會分享。但是，除非我們的心經過適當的訓練，否則不會有這種開闊的見解。因此，如果我們現在就立志訓練我們自心，將來就能夠以開放的心胸，來面對應該怎麼處理這個昆蟲或老鼠的問題。

【問　題】這對您（指之前的提問者）可能有些幫助。我有兩隻貓，也有這種抓昆蟲的彈簧裝置，可以將抓到的昆蟲拿到戶外放生。

無論如何，仁波切您提到「桑傑」，其中「桑」是對障礙的去除，「傑」是智慧洞見的綻放，我覺得這兩者都是來自於正念覺知。如果能運用正念覺知，我們就會有「桑傑」。您

是否能夠談談如何將正念覺知運用到日常生活當中？

【仁波切】我們如何將正念覺知運用到日常生活當中，就好比是我們如何開始學習讀和寫一般。一開始，要記住字母相當困難，我們之所以最後能夠流暢準確地運用字母的原因，是因為老師重複以不同的技巧來教導我們，一直到我們對它的符號與結構熟悉為止。在這之後，當開始寫作時，我們不用去想字母A是長什麼樣子，自然而然就寫出來了，因為我們對它已然熟悉。

同樣地，若是你養成習慣每天有規律地禪修，即使只花很短的時間，久而久之你的內在就會對禪修有一種熟悉感，然後你就可以將這種熟悉感的能量帶進你的生活當中，不管是在工作、走路，甚至在跟人說話的時候，你的內在一直都帶著這種能量。

這就像是吃東西一樣。我們肚子餓時，吃了東西就不餓了。而且我們不會每個小時都肚子餓，吃完東西後的飽足感可以持續好幾個小時，這是拜食物的能量之賜。類似地，禪修的能量也會跟著我們，有利於我們將它融入生活當中。但是，如果我們沒有持續有規律地禪修，禪修的能量便會日漸消損。若是沒有持續地以禪修來補充自己的能量，我們的正念覺知就會徹底迷失在生活與工作當中。所以，持之以恆是要點。

【問　題】仁波切，對於您所說的「閒言是浪費時間且無助於佛法的活動」，我很感興趣。但是對我來說，閒言是認識他人的一項工具。即使是為了佛法的目的，也不是這麼容易可以直接了當的跟別人交涉，但是我卻可以從有意和別人的閒聊當中，

發現很多訊息。甚至在瞭解他人方面，有時我覺得沒有什麼重要的目地去閒聊，反而可以知道更多，因為他人覺得很放鬆。我的問題是，閒言的界定是否取決於動機？如果閒言不會阻礙我完成自己的責任，閒言是否一定是完全負面的呢？

【仁波切】言談的確是傳達許多觀念的一項工具，而這些觀念也能夠藉由討論而實現。就這個角度而言，言談的確扮演一個重要的角色。或許藏文的「昂恰」（nga-chyal）與英文的「閒言」（gossip）所傳達的意思不盡相同，「昂恰」指的是說一些無關緊要的話題，於此定義下，綺語就是沒有目標、重點的言談。由於講的這些話題都沒有目的性，所以也不是真的在討論，而變成了綺語。

若從今天起，你注意去檢視他人的言談，你會發現有些人的談話不帶有目的或理由，只是沉緬於自己過去的輝煌，卻錯失了現在。由於他們錯失了現在，所以不會有所成就，或具有目的。如果你錯過曾經有的但現在沒有的東西，去談論它也沒有用。但是，如果你正在計劃一個項目，那麼那種談話便是討論，而不是綺語或閒聊了。

人很容易迷失在閒談當中。本來應該要去洗盤子的，結果站起身來，拿起幾個盤子，突然就彼此漫無目的地閒談了起來，兩個小時過去了，手上還拿著盤子，什麼都沒洗，只是說了兩個小時的話。他們的談話達成了什麼嗎？什麼也沒有。像這樣的談話便是綺語。討論是有某種要點、某種意義的談話，或許英文的「閒言」無法表達出這樣的意思。

【問　題】這個問題來自於和我父親的一場討論。我的父親一直對佛教

感興趣，所以我給了他一本書。書中有一個關於因果的討論，提到痛苦是由過去的惡行所致，並且還舉了一個醫療的例子，指出疾病可能是因惡業而形成的。我的父親是一個注重科學的工程師，對這樣的說法無法接受，而我自己有時也難以接受這樣的觀念。這裡似乎有著機械的物理規律不是嗎？也就是說，如果投出一顆球，球就會落下。球之所以落下，不是因為先前善惡的行為，而是因為地心引力的關係。因此，這裡似乎有兩種因果律：若可以這麼說的話——機械物理上的因果律，以及與快樂、善惡有關的因果律。這兩者是不同的，還是同一件事呢？

【仁波切】一般就因果而言，我們若造作惡行，便會經驗到負面，或是痛苦的事情。這並不是說，我們所受到的負面經驗，一定與我們帶給他人的痛苦完全相同。因果律的意思是：由於我們讓他人遭受痛苦，其後果便是我們必定受苦。至於我們會如何經驗痛苦，這並不重要；我們遭受的可能是完全不同的事情所導致的痛苦。無論如何，痛苦的感受是主要的效應。

例如，假設你在過去生當中曾經做了讓他人痛苦的事情，並且假設在此生，你正遭受著疾病，這個疾病，一點也不像是你過去帶給他人的痛苦，但是這個疾病讓你如此地疼痛，便是其效應。你是如何得到這個疾病的，其實不重要，這種疼痛的感覺即是後果。

至於從機制上來瞭解因果律，我們也有可能因為共業而經驗到共同的痛苦。例如有人製造並投射炸彈，炸彈是因重力而往下落的；根據重力規律，往上昇的必定會落下，這與痛苦或是快樂無關。但是，炸彈的爆炸卻會同時造成許多人的痛苦。你可能會問：「為什麼這些人同時遭受到這樣的痛

苦？這是什麼樣的業力，讓他們受到同一顆炸彈所帶來的痛苦？」事實上，我們一直在累積共同的惡業。例如，人們發明殺蟲劑，瞬間可以將成千，有時上百萬的昆蟲同時殺死。眼不見並不代表我們沒有累積惡業。這種共業即是遭受共同痛苦、死亡、傷痛與損失的原因，就如同投射一顆炸彈一樣。

【問　題】仁波切，有時我在想惡口是否總是負面的。有時我覺得對付那些做惡事的人，唯一的方法便是對他們兇悍。有時這些人只是因為懶散而做出有害的事情，那麼這個時候最好不要口出惡言。但是，是否可能帶著適當的動機來口說惡言呢？難道一定要以非常溫和的方式來處理事情嗎？因為這樣的處理方式似乎與實際情況並不真的相稱。

【仁波切】我們今天所講的惡口，指的是基於、或是受到憤怒所激發的惡口。這些不僅變成憤怒，並且會變成仇恨。由於帶著這種交織的煩惱、這種仇恨的情緒，因此所使用的任何惡言是邪惡的行為。這是因為當有仇恨心時，我們的心完全充斥著想要摧毀另一個人的想法。這即是仇恨的本質——這不見得是憤怒的本質，而是仇恨的本質。

　　的確有不帶仇恨，而是帶著正面動機的惡言。這比較像是父母對孩子，或是老師對學生所表現的憤怒，這麼做是為了對方好，例如讓對方受規矩等等；這裡並沒有仇恨，所說的嚴厲的話不帶任何負面的動機。這種惡言就不算是一種惡行。我過去曾多次說過，使用溫和的方式不完全能夠讓他人守規矩，有時我們必須板起臉孔表現憤怒，但是內心並沒有仇恨，這即是不帶仇恨的憤怒，它並非真的邪惡。

那些對這種不帶仇恨的憤怒不甚瞭解的人，應該去研讀偉大瑜伽士密勒日巴尊者的傳記。當密勒日巴尊者仍然是一名學生時，他的上師馬爾巴經常惡言相向，並且對他拳打腳踢。馬爾巴的用意是為了規範並教導他，也正因為如此，密勒日巴得以即身成佛。馬爾巴的發心清淨，不帶任何仇恨，為了教導密勒日巴而展現憤怒相。這不是負面的嚴酷，而比較是屬於正面的嚴酷。

【問　題】是否請您再解釋一次基本的無明如何導致煩惱？

【仁波切】今天上午，我們基本上講了身、語、意上的十惡。真的，無明的確是這些十惡的基本來源。因為無明，我們所有的人造作身、語、意的惡行。無明是不知道，甚至不瞭解這些是惡行，也因為如此，我們經常造作身、語、意上的十惡。由於不知道是非對錯，恰當、不恰當，相信我們所想的便是對的，而不敞開心胸去更深入地瞭解真正的對錯，這讓我們一直耽溺於十惡行。這一切基本上都是因為無明和不瞭解。

【問　題】這個問題與無明和邪見有關。無明是三種根本煩惱之一，而無明與邪見似乎很類似，但同時它們必定不同。您能否解釋它們是一起的嗎？哪一個先呢？

【仁波切】事實上，在所有的事情當中，包括身、語、意的十惡行，無明都是最先有的。至於邪見，由於無明的力量讓我們有點像是與其同流合污，而這種對無明的參與便是邪見。由於不知道、無明，我們不瞭解什麼是對、什麼是錯，而把錯的信以為真，認為那是對的。邪見指的是堅決支持錯誤的觀念，而在無明中更進一步地造作。因此，邪見基本上是來自於無明，並且受到無明的影響。

【問　題】這個問題與這兩天的開示無關，但是對我很重要。我尊為上師已經有兩年的人，到我的城鎮進行兩天的開示。我覺得我希望他能夠更主動來關心我，問我話，或是對圍繞在他旁邊的我展現興趣等等。我瞭解到我的這種欲求是不對的，這是惡業所致？還是這很正常，我所需要的就只是去面對它？如果我並沒有因此對他有不好的感覺，那麼這完全是負面的、需要完全斷除的嗎？我就是覺得需要獲得更多，但自己知道他並沒有這樣做的打算。他並沒有對我不滿，只是在任何方面都沒有隨順我的意思。這是完全負面的行為嗎？或者只要不毀謗他、或後悔有這樣的上師的話，這也是我能夠從中學習的事情？

【仁波切】由於不認識當事人，這個問題很難回答，所以我無法直接給你答案。但是就一般而言，我可以對所有的學生這麼說，現今有許多的老師，但是禪修的老師必須是對禪修有一定證量的人，這樣的人才有可能是個好老師。有些自學的老師，禪修的證量或體驗不多，靠著讀很多書來獲得豐富的知識，這樣的人可能無法在指導學生上有實質的幫助，因為缺乏禪修的經驗或證量，是無法指導學生的。這樣的人無法以不同的修行道來引導學生，而他在知性上的知識，可能對學生幫助不大。

因此，首先，若對禪修感興趣，就必須找到一個對禪修有證量、有經驗的老師。如果這個人有禪修的體驗——若是你知道，或這很顯然，那麼如果這個老師對你很兇的話，不要認為這是針對你個人而來，這必定是有原因的。例如，馬爾巴對他的學生密勒日巴很苛刻，為的是要清淨密勒日巴所有的惡業與障礙。馬爾巴必須苛刻，而這裡面不帶絲毫個人的因素。因此，我們不要將事情看得過於個人化，而是應該要這

麼思維：「如果老師對我苛刻，那必定是有原因的。」不要憂鬱，不要把它看得太重。同時很重要的是，不要對老師太執著，而是要認真修持老師所給的任何口訣。

不要太在意老師對你的反應。很重要的是：不要對老師有過多的期待，而是只要期待著老師的法教，並且與老師保持一定的距離。如果你精進地修持老師給你的口訣，遵循著這樣的口訣，你就真的能成就，即使你與老師之間仍然有著一定距離。如果你與老師很親近，但是如果不好好修持傳授給你的口訣，光跟老師親近，對你禪修的證悟不是那麼有幫助。

這其實是對所有學生說的一般評論，並不是針對你、或是你與你的老師之間的關係。

【問　題】在「晰理雜誌」（Densal）的一篇文章中，卡盧仁波切談到觀音修持的重要性，並且鼓勵大家向仁波切您請法。因此，我要問的問題是：我們要如何開始學習這樣的修持？

【仁波切】聽到「晰理雜誌」所寫的關於卡盧仁波切鼓勵聽眾向我學習觀音修法，我感到相當震驚，但是我很高興聽到你提到觀音。但我不太確定是否卡盧仁波切真的強調大家來向我學習觀音修法。

觀音是一位非常重要的本尊，能夠喚醒我們內在悲心的能量。喚醒此悲心對我們大家都很重要，因此觀音的確非常重要。我很高興你有興趣學習觀音修法。你真的應該盡力讓自己去認識觀音，並且學習如何修持觀音儀軌。我們每天晚上7點到8點是觀音修法，請你今天晚上就去參加。那裡有法本，你可以就著法本跟著其他人練習，並且記下你在觀摩這

項修法時的感受。

之後，你可以向書店詢問我對觀音修持的論釋錄音帶，內容有觀音儀軌的解釋、為何修持觀音，以及觀音心咒的解釋。它詳細地解釋了我們為何要修觀音，在明白了所有這些之後，你可以請喇嘛給予口傳；從哪位喇嘛獲得口傳並不重要，只要是住在你附近的喇嘛就可以了。在接受口傳後，你的修法會更有力量。沒有口傳仍然可以修持觀音；但是若有口傳的話，在做觀音儀軌修法時的力量更大。

【問　題】我非常年幼且無知，但我想請教一個問題。我想知道是否有一個方法，可以讓我們知道何時能夠問問題。

【仁波切】我的回答可能不適用於世間的活動，但是就修行上而言，為了知道何時問問題以及問什麼樣的問題，首先有必要先獲得一些佛法，或是修行的知識；不需要知道非常多，而且如何獲得這些知識也不那麼重要。為了獲得對某些特定法教的知識，你應該閱讀相關的書籍，或是聽錄音帶。在閱讀或是聽聞一些內容之後，當你去到一位老師那裡，聽到他對此特定教法的開示跟你所讀到的，或是聽聞到的不一樣時，你就可以問問題。例如，你可以問：「有一種解釋是那樣的，但是您講的是這樣。您是否可以解釋這個不同點？」這樣，你就會更清楚在做一些比較時，應該怎麼問問題。

或者在聽完一個釋論的錄音帶後，或是讀完了一本書後，你可能還有些不明白的地方。例如我今天所講的身、語、意的惡行——身體上三項、語言上四項、心上三項。可能你也曾經讀過這樣的內容，但是解釋不完整，書上只說身、語、意各有三、四，以及三項。那麼你可能會問：「那是哪十項

呢？」或是「為什麼是身體上三項、語言上四項、心上三項呢？」這些都是針對我們所教的內容可以問的例子。

如果是在對佛法不完全瞭解的情況下去發問，並且問的也不是老師所教的內容，可能會覺得自己愚蠢。但是，在發問這件事情上，沒有什麼是真的愚蠢的問題。通常來說，問問題是很恰當的，因此不要猶豫。

不要覺得氣餒。今天講的是身、語、意的十惡行，但是明天我們將會講十善行（仁波切笑）。請明天再來，我們會講更多。謝謝大家。

「眾善奉行」：十善業

我們不能只是指望，我們自己必須行善。

昨天我們談到了身、語、意上的十惡行。瞭解這些惡行是有用的，因為我們許多人會想：「為什麼我的家人會恨我呢？」、「為什麼我無法像這個人，或是那個人一樣成功？」等等。我們經常會有這樣的問題。藉由對此負面層次，特別是對十惡的瞭解，我們學會對事情的理解，而對我們的失敗、缺乏安全感，或是弱點，就不需要找其他人來做代罪羔羊了。我們瞭解到自己所經歷的這些極度的痛苦、缺乏安全感，以及不幸，都是因為造作十惡行的緣故。我們不僅瞭解到這一點，我們同時也學會在社會上對自己的行為更加負責，學會如何保護自己，為了自己做得更好，當然最後學會如何對他人有更大的利益。因此，對我們惡行的這種負面的知識，能夠有助於回答許多我們一直在問的問題，並且幫助我們在未來為自身承擔起更大的責任。

今天，我們要講的是正面的行為。正如我們昨天所討論到的，惡行與身、語、意三門的關係。同樣地，正向的層面，善良的行為也源於身、語、意三門。有時，相當諷刺的是，每一個弱點的背後可能會有一個優點；而每一個優點的背後可能會有一個弱點。而這裡邪惡的三門也有可能是善良的三門。

身體上的三種善行

如前所討論到的，第一種身體上的惡行是殺生；因此，第一種身體上的善行便是不殺——亦即惡行的反面。殺生會為自己帶來痛苦，不殺生有點像是保守我們生命中的善業。再者，為了更深入地累積功德，我們不僅不殺，並且還試著保護生命，這將不殺的優點與正面的意義發揮得淋漓盡致。

社會上有許多保護動物權益的團體，我也相當支持他們。這些人保護生命的行為非常善良，但除了說這是善良的、不剝奪其他生靈的生命是好的之外，不殺生還有什麼因果業力上的利益？我們都想健康長壽，遠離病痛。如果我們參與了殺生，我們的壽命將會受到許多障礙的威脅，無法享受長壽。反之，我們就能夠享受長壽，得享天年，這即是不殺生的利益。

有些人雖然活得久，但卻持續受到各種病痛的折磨。除了活得久外，他們的身體並不健康。當然了，健康也依賴著營養，以及對自己身體的照料。但即使我們吃對的食物，並且也好好地照顧自己的身體，我們仍然可能生病。如果我們總是遭遇到這種無可避免的病痛，這便是因為過去生的業力所致。這也就是說，我們可能並沒有

奪取生命或殺生，但是我們就是喜歡、參與，或是沉溺於傷害眾生的各種不同娛樂之中。其結果便是：即使長壽，但也會受到各種疾病的威脅。

身體上第二種惡行是偷盜，而其反面即是不偷的善行。我們可以從因果律來看偷盜所導致的惡業。有時我們會想，為什麼一個小孩會投生到一個極度貧窮且炎熱的國家，而國家中包括小孩的父母在內的所有人民，都受著饑餓的痛苦？答案便是：這個孩子並沒有選擇饑餓，或是投生的時機，而是在過去所累積的偷盜惡業的牽引下，使得他毫無選擇地投生到人道當中極度貧窮的地方。世界上的許多國家極度貧窮，許多的孩子與家庭因饑餓而死亡。

偷盜的相反當然便是不偷。同樣地，為了讓不偷的善行更臻極致，利益更廣大，我們不僅不偷，並且應該非常慷慨寬大。實施此善行的結果，便是投生到一個好的國家內，充滿愛與關懷的家庭當中，並且應有盡有，這即是因果律。不僅如此，長大成人之後，一生需要成就的家庭事業等，皆可任運自然成就。這不費吹灰之力即可獲得的成就，來自於慷慨佈施善業的力量。因果定律就是如此。無論向哪位超群的人士、或是本尊祈請加持，但如果我們沒有培育種子的話，就必定不會有成果。這裡一切成果的種子即是善業功德，尤其指佈施的功德；而佈施的結果便是我們所獲得的幸福、成功，以及興旺。

說到興旺，佛教本尊臧巴拉被譽為財富與興旺的本尊。許多西方人在課堂上，一聽到有財富與興旺的本尊便很感興趣，並說道：「我要修這個本尊！我要馬上致富。」（眾笑）這樣的弟子可能很認真

地試著去修此財神，但是如果過去沒有培養善業的種子，光修財神也不大靈光。為了說明此點，我要跟各位講一個很長的故事（眾笑）這個故事要一直講到明天早上（眾笑）。

因此（眾笑）——我就長話短說吧！古時候，有一個乞丐，當然囉，乞丐很貧窮，賴以維生的方式便是到處挨家挨戶地乞食。這個乞丐受過財神本尊臧巴拉的口傳與灌頂，他很努力地修法，以至於有一天，親眼看見財神就出現在他面前。財神問他：「你為什麼總在呼喚我？」乞丐回答：「我需要財富，我要發達，我要成就悉地（神通）。」（大家知道悉地便是具有更多。）接著財神便消失了。但是，有一天財神又出現了，並且說道：「今天去這個特定的寺院，你會獲得特別的加持。」乞丐歡天喜地的去到那裡。

在寺院外面，他看見許許多多的乞丐聚集在那裡，大家都在乞討。所有的窮人、貧乏的人都分到一些湯喝。通常他們會帶著自己的碗，廚子或是某個人會將湯舀到他們的碗裡。這個乞丐也跟大家一樣拿到一些湯，他坐回自己的位子時，看見碗裡的湯有一小片肉，便自尋思：「我沒有獲得什麼特別的，難道財神對我撒謊不成？」於是他很失望地回到家，並且修法直至財神出現為止，他對財神說：「你這個騙子。今天我沒有得到什麼特別的東西。走了大老遠去那裡，什麼特別的也沒拿到。」財神微笑著對他說：「其他的乞丐沒有肉，你拿到一片肉，只有你才有。」

接著財神跟他解釋，因為他過去沒有積善、沒有任何的功德，所以好的事情無所從來。很久以前，這個乞丐施捨了一點食物給一個饑餓的人，因為此佈施的功德，財神才能夠幫他弄到一片肉。這個故

事的重點是，如果要成功、享受健康等各種的好事，我們不能只是指望財神：「請賜與我成功與財富。」而是我們自己必須行善。

正如昨天所討論的，身體上的第三種惡行是不當的性行為，或是邪淫。我們解釋了英文「邪淫」一詞的通常用法，以及在佛學上用法的差別。不當的性行為所帶來的惡果，是在此生便會經歷傷痛、悲慘、痛苦等，並且在下一生以及來生，都會投生到不淨的地方。也就是說，此生所受的痛苦尚未了業，來生還要繼續受。除此之外，還會憔悴多病，並且容貌相當醜陋。

在過去生經常耽於不當的性行為的後果，還包括有無論多努力，也很難找到好的朋友。這樣的人可能將之歸咎於沒有吸引他人成為朋友的魅力，覺得這是自己在成長的過程中，沒有學會如何與人相處的緣故。其實，這無關乎個人的成長環境，或是行為舉止，而僅僅是自己累積的惡業所致。這種能量是如此強烈，以至於別人自然而然、沒有任何理由地，就是不想跟這種人親近，或是做朋友。

不當的性行為的相反則是恰如其份的行為，忠於自己的配偶，或是持守出家的淨戒。（在家人）滿於一位伴侶，這樣地去持守的話，因此而累積的善業，不僅讓我們此生有種安定、安樂的感覺，來生也會投生到一個非常清淨、健康、美好的環境。因這種的善業而累積的自然能量，我們會生來優雅，有自然吸引他人的魅力，並且身邊圍繞著許多好的、正當的朋友。這些即是正當的性關係所帶來的善果。

有些時候，人們會說我們的外表取決於父母的長相；但很多時候，甚至一雙健康的父母也可能生出一個不健康並且難看的孩子。因

此，由父母的長相無法完全解釋孩子的外表。人們也會認為如果父母善良，孩子也同樣會是善良的，但並非真的如此。孩子的心理狀態可能完全不同於父母，甚至有時長相和感覺，也完全跟父母不一樣。這些基本上都是因果所造成的。

語言上的四種善行

第二類的善行是語言上的善行。第一種語言上的惡行為妄語，其反面便是不說妄語、說實話。如果我們非常誠實、真誠，所得到的果報便是在此生獲得他人的信任、獲得許多朋友的信任，並且在下一生或是未來的許多生，都不會受到別人的欺瞞。不僅如此，我們所說的每一個字，都會被他人看重並尊敬，這即是說實話的善業。

第二種語言上的惡行為兩舌。當然，當我們在朋友之間製造分化，是不會帶給自己，或是這些人任何的平靜與快樂的。因此，兩舌不是一件好事。兩舌的相反便是不破壞和諧的正面行為，而且不僅是不破壞和諧，還努力地將分化、分開、不和諧的人和平地凝聚在一起。這即是語言上的第二種善行。以善巧的方法，在人際間創造和諧，無庸贅言，我們會受到值得信賴的朋友包圍。有了這種良好、友善的氛圍，人們就會喜歡和我們做朋友，並且信任我們。這樣的人很難得。要找到朋友不難，但要找到值得信賴的人不容易。再者，這樣的人在來生能夠透過創造和諧來利益他人，也就是說這種善行的能量會跟著這個人，而這種能夠凝聚眾人的團結，帶來團體的和諧的能力，會生生世世跟著這個人。

誠如昨天所說的，語言上的第三種惡行是惡口。如果我們對他人出

言不遜，在此生以及來生，便會受到他人諸多批評與貶抑的果報。我們會沒有朋友，就算是我們覺得有一個人是自己的朋友，也會發現這個人會在背後批評我們。因此，我們無法獲得任何快樂或放鬆，總是覺得受到朋友、家人，以及其他人的批評，不僅內心無法平靜，也活得很痛苦。這種經驗便是惡口的果報。

語言上不惡口的善行，便是溫和的語言、柔語。惡口來自於瞋恨、憤怒，也就是在憤怒下，對他人生起瞋恨心，然後便說出傷害對方的話。相反地，我們應該試著不要馬上做出回應，要通達事理並且謹慎小心，以這樣的方式來保持著一種溫和的正念。柔語的善業果報，便是在來生會有悅耳動聽的聲音。這樣的人可能會成為一位偉大的歌唱家，極可能會是世界上最棒的歌唱家，因為大家都喜歡聽他的聲音。除了具有一個極為吸引人的嗓音之外，這樣的人在來生也會受到大家的稱讚，免於他人的批評。由於受到稱讚而不受批評或貶抑，這樣的人的心便會覺得放鬆。

如前所說，語言上的第四種惡行是綺語，因此，我們對耽溺於綺語、謊言等所形成的時間浪費，已經有了大致上的瞭解。我們舉的例子是言不及義地浪費時間，結果是無論在修法上或是物質上，都一事無成。時間就在談論一點也沒有目的或意義的事情當中浪費掉了。

耽於綺語的後果，便是會失去他人對我們的信任。言不及義的話說得愈多，別人就愈不想跟我們在一起，因為他們痛恨老是聽到那種話。我們不自知地重複說著同樣的話，以為自己講得很對、很有高見，但是聽眾卻很清楚我們重複了四、五次同樣的內容，並且已經為之感到疲累。別人可能因為禮貌起見，當下不會說什麼，但下次看到我們時就會躲得遠遠的。無意義、無聊的言談就是會這樣讓我們失

去朋友。同樣地，喜歡綺語的習性會讓我們在修行上，或是物質上都無法獲得成就，並且這種強烈的習氣也會陪伴著我們到來生。

耽於綺語的相反，便是語言上的第四種善行——針對有意義的主題，說有意義的話。同樣地，不管我們說的是什麼，都要帶著柔和的態度。運用我們的技巧、智力，以及常識，我們不管說什麼，都要謹慎地不去傷害到任何人，在話說出口之前的這種確認，是非常重要的。如果我們是帶著溫和的口吻來說任何事情，就能幫助每一個人學習到新知。這樣別人可以得到幫助，他們也就會喜歡跟我們在一起，跟我們談話，因為我們說的話有道理。任何人都希望跟一個通達事理的人在一起，喜歡跟這樣的人請益，在短時間內就可以獲得答案，而不需要浪費他們的時間。基本上，這些都是語言上與綺語相反的第四種善行的好處。

心上的四種善行

我們討論過的心上的第一種惡行是慳貪，對任何事情都慳貪。慳貪沒有止境。慳貪的人總是幻想某件不可能的事物。例如，我相信會有人這麼想：「我希望能夠擁有整個美國。」這就是慳貪。一個人當然是不可能擁有美國整個國家。但是由於慳貪的心是如此強烈與粗重，沒有任何為他人考慮的餘地，這樣的人不會這麼想：「我希望擁有一半的美國，剩下的另一半可以給其他人。」而是要完全擁有整個國家。慳貪心所形成的惡業力量很強大，會讓人投生到餓鬼道。

慳貪的反面，便是心上的第一種善行——佈施，因為如果我們佈施，它就是慳貪的相反。極度的慳貪指的是相當地自私，看見的每

一樣東西都想要據為己有，因此要免費地施捨出去就變得不可能。這就是慳貪的反面為佈施的道理了。而佈施的善報，我們之前就已經討論過了。

就科技而言，這個（美國）國家發展地很好，人們也相當富裕。所有孩子需要的東西，家庭幾乎都能提供，因此這個國家的人可能不會有太強的慳貪心。即使他們滿足於已有的東西，在許多其他的地方，我還是能發現慳貪心很強的人。他們希望能得到看得見的每樣東西，心裡想著：「希望這是我的。」慳貪的念頭是總想要獲得的念頭，這種念頭無一是處。這樣的思維不會為我們帶來任何的成功。

心上的第二種惡行是害心，想要傷害別人的念頭。具有這種念頭的人的個性，便是以他人的痛苦為樂，喜歡看見他人受苦，這是非常具有傷害性的。這種以他人的痛苦和傷痛為樂的惡報，便是投生到阿修羅道，所經驗的是經常的爭論和戰爭。

這種害心的相反便是有助人之心，通常我們將它稱為「證悟之心」或「菩提心」。證悟之心不僅能夠自利，也確實是帶給他人快樂的能量來源。它是一切利樂的根本，一切善業與諸多功德的來源。

心上的第三種惡行是邪見。如昨天我們所定義的，邪見是基於迷惑的心而產生的蒙昧無知，不知錯之為錯，不知對之為對，我們將錯的認為是對的，而將對的誤認為是錯的。接著，我們還對這種謬誤產生強烈的執著，以至於某人試著解釋我們所認為錯的其實是對的，我們所認為對的其實是錯的時，我們也不願意接受，只是一味地堅持錯的為對的、對的為錯的。我們緊緊抓著這樣的想法，而不

願意去探究或學習這其實是自己的邪見。

帶著這樣的邪見，就有可能投生到下三道之一的地獄道。如果我們強烈地涉入並且執意耽於自己的邪見，這便會讓我們投生地獄道。這種邪見令我們對任何正面的事情都緊閉心扉，以至於我們無法受用正向功德特質的來源。

邪見反面的正向功德特質其實很簡單。只要打開心中的理解與學習之門，我們就可以消弭顛倒見的困惑。因此，能學、肯學即是此正向的功德特質。沒有了邪見，那麼我們的洞見便會自然開展，並且成為我們功德的來源。

「自淨其意」

我們與其他眾生所希求的，在本質上是一樣的。

修心訓練

現在我們已經討論過了身、語、意上的十善行和十惡行。有時一些對佛法不太熟悉的朋友，在聽聞到這些身、語、意上的善行和惡行時會感到震驚，並且可能會覺得：「我們哪可能做到這些？我們是不可能從十惡行轉變到十善行的。」這裡就需要運用止的安坐禪修了。基本上，止的禪修是開展我們專注力的一個方法。在心開展出安坐禪修的穩定性後，就有必要進行自心的訓練。訓練自心——修心，在藏文中稱為「鏤炯」（lojong）。

在開展出止的禪修的定力後，我們如何進一步來修心呢？我們首先以思維我們希求的、最想要的東西來訓練心，來喚醒心的關愛與慈悲。自然而然地，我們會想到健康快樂，沒有恐懼不安。思維著這

些事情，接著我們試著擴大思維的範圍，思維我們的家庭、父母，以及孩子（如果有孩子的話）——他們想要的東西。他們想要的同樣是健康、成功，以及快樂。接著，我們去思維任何人想要的是什麼。所有的人類要的是成功、快樂，並且健康免於疾病。將思維的範疇再進一步地擴充，我們不只思維人類的願望與欲求，同時也思維動物，包括爬蟲類、魚類等的希求。雖然我們通常會在人類與非人類如鳥、魚等動物之間劃一條界線，但是我們可以看到，我們所希求的與它們所要的，在本質上是一樣的，每一個生靈都想要我們想要的東西。

因此，雖然當下仍然在安坐禪修，我們會對每一個生靈極為同情，會覺得：「一切眾生要的，跟我一模一樣。」在生起這樣的感受時，羨慕貪婪的心便消失了。我們會有一種共享的感覺。長久以來，我們甚至都不知道這個我們一直共享的東西：我們的欲求同樣也是其他眾生的欲求。瞭解了這樣的事實，我們對他人便不會再有惡念或害心，因為在認識到每個人都跟我們一樣，想要的是幸福、和平、免於疾病和不幸時，我們就不會想去傷害他們了。帶著每一個人都想要同樣的快樂、和平，與健康的認知，愛與慈悲的能量便會油然而生。

昨天我們討論了身、語、意的十惡行，來源為「貪」、「瞋」、「癡」此三種主要煩惱。有時瞋恨被翻譯為「激憤」（aggression），但是藏文中的「學盪」（shedang）意思指的是瞋恨，而不只是憤怒。貪、瞋、癡此三煩惱的力量很強大，驅使我們造作並且沉溺於身、語、意的惡行。因此，我們需要找到這三種主要煩惱的對治法來迴避它們。

事實上，只要能夠喚醒關愛與慈悲的能量，我們無需去尋找其他的特定方法，來分別對治每一種煩惱。愛與慈悲正是貪欲和瞋恨的對治。至於我們的執著與貪婪，當我們認識到一切眾生——包括我們自己在內，想要的是快樂時，我們便會對一切眾生生起同情，而對一切眾生的愛也於焉滋長。

第二點，我們可以擴展剛剛所討論的思維內容，除了考慮我們最想要的之外，也去思維我們最想迴避的。我們想要迴避的是對自身的任何傷害、不幸和疾病。和前述的方法一樣，我們逐漸地將這種感受擴及一切的眾生，思維他們也希望免於傷害、不幸和疾病，我們思維動物、鳥類等等也有同樣的欲求。這會讓我們自然生起希望包括自己在內的一切眾生，都能免於傷害，如此便能平息瞋恨的煩惱。由於瞋恨驅使我們去傷害他人，因此，當我們瞭解到傷害他人是不當的行為時，瞋恨的煩惱便能獲得降伏。最終，我們能夠將貪婪與瞋恨的煩惱根除；但在一開始，我們必須先平息，或減低它們的力量，以便之後進行的根除。

第三點，我們如何對治愚癡呢？什麼是愚癡、無明的對治法？具備何者為善、何者為惡的知識，其本身便能夠消弭愚癡。明白善惡的知識便是對愚癡的消除：明白此生自己目前的疼痛、不幸與痛苦，是因為過去身、語、意上的惡行所致，這即是剷除愚癡；同樣地，明白自己目前所享有的幸福、美好與健康，是因為過去生身、語、意上的善行所致，這也是剷除愚癡。同理，明白若我們此生行身、語、意的善行，來生便能遠離痛苦，享受一切美好的事物，這即是對愚癡的剷除。同樣地，若我們此生行惡，來生便會受到惡報，這即是剷除愚癡。明白過去與現在、現在與未來的關係，這即是剷除愚癡。

瞭解到我們所欲求的，即是一切其他眾生所欲求的；我們所不欲的，即是一切其他眾生所不欲的，這樣的認識便能激起我們對一切生靈的慈悲。基於此，我們祈願一切眾生具備快樂的因，這便能強健我們的慈心。進一步地，我們祈願一切眾生免於苦因，這便增強了我們的悲心。這即是我們如何培養慈悲的方法，也就是對愚癡的剷除。

認出萬法的空性

當我們在禪修上有所長進之後，愚癡的剷除也與認出萬法的空性有關連。我們應該瞭解萬法不具實質的存在。目前談論這樣的法教對各位來說太深了，我只是要讓你們知道認出空性也能夠剷除愚癡。但是在初學者的階段，愚癡的消弭指的是明白何者為正面的、何者為負面的，並且學習培養對眾生適當的慈悲。

我們偉大的導師釋迦牟尼佛，傳授我們修行的次第。世尊建議弟子不應該省略修行的步驟，而是應該要循序漸進地去修行。世尊解釋了修行的三個次第：第一，學習行善；第二，學習降伏或消弭我執；第三，試著去認證萬法的空性本質。

目前，各位尚未真正履行身、語、意的善行，因此這個時候，想要瞭解空性，不啻於一個站在摩天大樓上，以為自己能飛而想要往下跳的人。但是，你們沒有翅膀，應該知道這樣做的後果會如何。因此，各位必須先培育出能夠讓自己飛行的翅膀。正確開展這種羽翼的方式，首先是要學習透過行善來累積善業，接著摧毀我執，之後第三點是確實地去學習一切萬法的空性。

「是諸佛教」

藉由訓練自心，在身、語、意上止惡行善，開展利他之心，即是佛法。

慈悲三摩地

在之前，根據小乘佛法的傳統，我們談論到了偈文中前兩句話「諸惡莫作，眾善奉行。」此偈文的第三句話「自淨其意」的目的，是讓我們能夠免於造惡，並且讓自己習慣行善。就此意義上而言，完全地「自淨其意」指的是開展自心平靜的本質。在自淨其意後，我們就應該不會再墮入在修心之前的煩惱當中。完全地「自淨其意」指的是：此清淨自心、平息自心的訓練，因我們持之以恆的練習，而變得紮實而堅穩。這裡「完全地」一詞，表達的是絕對不會退轉回之前的煩惱。

許多的佛學名相被製造出來，用以指稱此「自淨其意」。一為「奢摩他」，亦即「止的禪修」。一為「三摩地」，指的是禪修的狀

態;此「三摩地」一詞也用於「觀的禪修」,指的是開展出心的穩定性,使得我們能夠經驗平靜——「息內」或「奢摩他」的本質。在佛學名相中,有許多這樣的同義詞。

在菩薩道的修行中,我們會談到安住在慈悲的三摩地中。安住在慈悲三摩地中的真正涵義,類似於我們昨天所講的思維訓練,也就是瞭解並認識到一切眾生都和我們一樣,想要的是免於痛苦的幸福、快樂與安康。平等地感知到每一個眾生的希求,我們帶著慈悲心安住在這樣的狀態當中。這即是如何安住在慈悲的三摩地。

如前所討論到的,安住在這種狀態的目的,便是去瞭解每一個生靈的需求,並且對他人的需求更能敞開心胸,而不只是想著自己的需求。如此,我們的心胸不僅變得更開放,同時也會瞭解到其他眾生需要這些東西的程度,跟我們一樣。由此,我們便能自然而然、毫不費力地開展出對一切眾生的接納感;接著,我們就能相當開放、不帶苛刻地,以慈悲去接納每個眾生和每種情況。有了這樣的接納,若加以自他交換的訓練,其效果便會相當殊勝而有力量。

自他交換的訓練總是有其必要。如果我們只是安住在三摩地的禪修當中,心中覺得能夠接納每一個生靈,但是若不訓練自己進行自他交換的話,這樣的覺受就不會有任何的價值或力量。自他交換並不一定是指將自己的身體,完全與某個他人交換,也不是指將自己整個人由內到外徹底轉變。事實上,並沒有任何的改變,而是我們接受每個眾生同樣也需要我們需要的每樣東西,因此,我們能夠接納他們的需求,而不是對他人的需求視若無睹。同時,我們也會非常有肚量地施予任何需要施予的東西,願意佈施給眾生任何需要的東

西。為了讓自己習慣此開闊與接納的觀念，這樣的訓練在一開始非常重要。

自他交換的修持

除非我們將自心訓練好，否則這種接納、交換，或是施予的意願可能會不真誠。因此，藏文「通連」（tonglen）的修持——亦稱為「自他交換」，是為了讓我們的態度非常清淨的一項修持。有時我們會覺得這種修持似乎與心理遊戲沒兩樣，許多學生曾經抱怨過：「只在意念上對世界獻上每樣東西，並且由世界接受每樣東西，這樣做有何好處？」心中會有這樣的疑惑，是因為我們知道心中可能做任何觀想，但身體上什麼也沒做。其實，「自他交換」練習的目的是讓我們養成一個習慣，讓自心熟悉這樣的心態，使得我們實際在佈施時，不會有任何的猶豫，而當我們實際在接受或領受時，也不會有所封閉。因此，為了對這些情況有所準備，「自他交換」的修持在我們的生活當中相當重要。

雖然在座的許多人已經知道如何修「自他交換」，接下來我還是對「自他交換」的修持做一些說明。當你在呼氣時，想像你所有的善業、功德、美好、成功、快樂，以及每一個順緣，隨著你吐出的氣息而與每一個生靈分享，使得所有眾生經驗到此幸福安康。當你吸氣時，吸入每一個艱苦、挫折、疾病，以及存在於整個宇宙中所有的逆緣，將這些吸進你自己。當你這麼做時，就是在訓練自心去接受負面的事物、不貪著正面的事物。

我們進行這樣的修心訓練，是為了當我們有機會給予與接受時的實

際狀況而做準備。當我們看見某人在日常生活中受苦，當看見他人的痛苦時，做為一個人類，我們總是會對此感到同情，我們總會想給予幫助，去做些什麼事情；但因為我們尚未完全免於煩惱，有時事後會對自己所做的事感到後悔，覺得自己不應該給予那些東西，或是覺得自己給太多了等等。有時，這類的後悔是自己尚未完全準備好的一種徵兆。為了讓自己準備完善，「自他交換」正是不可或缺的修心訓練。

我們練習「自他交換」的方式，也取決於個人心的力量。對具備如戰士之心的人，他願意將自己的善業、功德、美好，以及成功施給一切生靈，特別是給自己最大的敵人。能夠將善業分享給自己所認為最糟糕的敵人，這展現出心巨大、強烈的力量。對其他那些心不具備這種強烈力量的人，光是與自己的敵人分享美好的事物、功德、成功這樣的觀念，就非常地難以接受，更別說是實際去實踐這樣的事情。這裡只是對個人的心量的一般描述，而個人的心量也取決於我們如何地用功於訓練自心。

「自他交換」與煩惱

我們必須訓練自心以瞭解修持「自他交換」的目的。基本上，「自他交換」會讓我們成為一個非常堅強的人，而不會讓我們變得脆弱。「自他交換」幫助我們不僅不執著於正面的事物，並且能夠接受發生在我們身上的負面事物。雖然它看起來只是心理上的一種訓練，但其實不然。因為我們愈持之以恆地來訓練自心，我們就愈能夠處理日常生活中好或壞的情況。這即是修持「自他交換」的效用。當我們在工作與社會中成為一個有效率、有力量的人時，我們

的一舉一動自然就會變得相當有意義。

修持「自他交換」會讓我們開展出很大的力量，讓我們對他人產生很大的助益，雖然我們可能沒有注意到開展於自己身上的這種能力。我們可能會低估「自他交換」的修持而這麼想：「這真是心理上的練習。」它可能看起來是非常心理上的、想像力的產物，但在某種程度上而言，當我們將「自他交換」修得很好時，它就可以是平息煩惱的對治法。例如，我們之所以會有強烈的貪愛，是因為我們執著於那些很吸引人、令我們悅意的事物，而「自他交換」賦予我們將手放開、不執著的能力。

當然了，我們應該要能欣賞一切美好的事物。但是，欣賞某件事物與貪著某件事物有所不同，貪著比較是想要佔有。藉由「自他交換」的訓練，我們試著不去佔有，而是去學會放手。如果看見美麗、吸引人的東西，我們會去欣賞它，但不會去執著它。如此，貪著的煩惱就自然獲得平息了，因為我們不需要執著地想：「我需要這個。」而只是去欣賞它。

我們也可能會想，為什麼自己變得這麼傲慢。當覺得自己是全宇宙唯一的人時，我們就會變得傲慢，這個時候我們就會這麼想：「我是世界上最棒、最有魅力的人。」但是當我們修持「自他交換」時，我們會變得更有接納度。在瞭解到每一個眾生的需求與特質後，我們就能夠降伏自身的傲慢。

至於談到瞋恨與具攻擊性，瞋恨基本上來自於保衛的心，覺得自己的快樂、美好，或是任何擁有的東西可能會失之於他人。帶著這樣

的感覺，我們生起瞋恨，為的是防止這些財產被任何有能力的人拿走。但是，當我們的「自他交換」行之有效時，就能夠放下，因為沒有什麼需要保衛的。我們不僅能夠放下，並且能夠將每個不幸、疾病與違逆，收納到自己的身上。因此，我們就再也不需要保衛自己了，我們不覺得需要保衛自己所擁有的每個好的東西。如此，瞋恨與厭惡的力量便會受到平息。

至於與嫉妒有關的惡念，這些通常來自於我們沒有能力像他人一樣地成功幸福，以至於在看見他人的好運與成功時，感到不舒服。但是如果我們願意將我們一切的良善、每一件正面的事物，給予他人，這便能夠消除我們對他人快樂與成功可能有的任何嫉妒感。如此，再次地，「自他交換」平息了嫉妒的煩惱。

最後，我們可能會想：那麼，無明、無知又是如何受到對治的？基本上，這個時候，我們已經不再有無明或自私了。我們不再想到自身的需求，而是考慮到別人的需求，我們的心是開放的。因此，瞭解他人的需求、願意分享並接納，並且感受到一切眾生的平等性，這絕對是消除了無明。

除了這些痛苦之外，似乎我們所有人都深受缺乏安全感之苦。在所有的恐懼症中，缺乏安全感似乎最讓我們痛苦。所有這些恐懼與不安本身的原因是什麼呢？我們經常害怕犯錯，經常害怕可能要面對的某些批評。這讓我們感到極大的不安，每一件事、每一個舉動，我們都害怕受到批評，我們總是害怕犯錯。我們許多人都經歷過這種恐懼，而且這種恐懼很難避免。「自他交換」的修持甚至能夠幫助我們克服這種不安全感與恐懼——害怕犯錯、害怕受人批評的

恐懼。但當我們願意去接受宇宙中的不幸、疾病，以及錯誤時，我們就不會再受到自身錯誤的困擾了，這也就消除了恐懼與不安的感受。

偉大的寂天菩薩曾說過，「自他交換」的修持極為經濟實惠，因為它是一項心理上的修持。當在修持它時，我們所佈施的每件東西都是心理上的，因此我們負擔得起，不需要真的在我們的財務上，或是優勢上妥協，只要內心放下即可。因此，它並非我們無法負擔得起的一項修持。同時，若我們正確地修持它，它的效果比供養實際的物質還更有利益，因為我們真的學會了克服自己的煩惱。這也是為什麼寂天菩薩說，如果我們能夠正確地做這樣的修心，瞭解它的要點，即使它看似只是一項心理遊戲，但卻會在我們心的力量與克服煩惱上，產生很大的影響。

「自他交換」與惡行

但是，如果我們不知道修心的要點，或是在不瞭解修法的目的下去修法，我們就可能將修善誤以為修惡。因此，寂天菩薩解釋道，我們必須非常謹慎。我們必須審查自心。我們所想的念頭與我們的行為是否真的正面誠摯？如果不是的話，我們必須進行檢驗。這可說是一切對治法的要點。

回到我們之前所討論的主題：我們必須避免十惡行。通常，這看起來可能相當不容易，但如果從「自他交換」的修持來看，我們若是「自他交換」的實修者，要捨棄十惡行就相當簡單而實際。

在「自他交換」的修持中，我們藉由分享自己的功德、善業，以及其他正面的特質，以訓練自心去關愛並且利益一切眾生。身體上的第一項惡行為「殺生」。如果我們愛眾生、並且想要利益眾生，那麼殺生這樣的念頭就不會存在，因此，就自然捨棄了第一項殺生的惡行。

身體上第二種惡行是「偷盜」。我們既已學會分享，在看見他人正如我們一般地痛苦時，我們就會心胸開放地慷慨佈施，而這種偷取他人物品的貪念是不會生起的。如果我們真心誠意地希望給予他人，心中是不會有這樣的念頭的。

身體上第三項惡行是邪淫，亦即不正當的性行為。再重複一次，修持「自他交換」的目的是希望能夠幫助、利益他人，避免傷害他人。耽於不當的性行為或是邪淫，會帶給我們的配偶與他人莫大的痛苦。由於修持「自他交換」的效應，我們甚至連想都不會想去沉溺於不當的性行為。

所以，一旦我們適當地以「自他交換」來訓練自心時，就能夠在許多方面幫助我們毫不費力地避免身體上的惡行。以這樣的方式，修心對於修正我們行為的各個層面是很重要的。它能夠控制煩惱，使得煩惱不會再來控制我們。在能夠控制煩惱後，行善或行惡就變成是我們的選擇。反之，如果我們受到煩惱的控制，而由於煩惱的力量，我們將身不由己地造作殺生、偷盜、邪淫等等。這即是修心之所以重要的主因，如此我們便能控制煩惱，最後能夠完全地根除煩惱。

「自他交換」與菩提心

修持是為了幫助我們開展圓滿的證悟之心。藉由修持，我們能夠開展自身，使得我們能夠利益一切眾生。過去菩薩以及祖師大德們在一開始修行時，和我們現在開始修行一樣，都是藉由修行「自他交換」、學習瞭解一切眾生平等、避免身、語、意的惡行、並且誓願修持相對應的善行。按照這樣的方式，他們便能夠喚醒心之證悟的能量，並且能夠利益無量無邊的眾生。

但是如果我們的目的不善，那麼即使運用密續最高的修持方法，即便這些修持具有強大的力量與優勢，也完全無法讓我們獲得證悟。我們是利益眾生，還是傷害眾生，取決於我們的意圖或動機。

有一個故事是關於帶著害他的目的來修持本尊的後果。過去在西藏有一個又醜又矮的人，經常受到村莊裡所有人的嘲弄，他因而對這些人恨之入骨。於是，他便抱著要在下輩子獲得摧毀這些人的能力的動機來修持象鼻財神（tsokdak）。由於這些負面的誓願之故，他投生到了藏東一個名為「釀容安南宮波」（Nyarong Anang Gompo）的地方，成為一個很有權勢的國王，以一種非常殘酷的方式來管理國家，凌虐並摧毀數千名他的子民。這便是以負面的動機來誤導修持的後果。

如此這般，若是帶著不善的動機來修持的話，即使修最高的密乘法門可能也無法帶來好的結果。我們內心的動機決定了結果的好壞。許多的修法，特別是最高深的修法，具有很強大的力量，就像是槍枝一樣。如果是為了自衛而在家中放一把槍，這並不會傷害任何人。但如果扣下了槍枝的扳機，就有可能傷害到某個人。至於會不

會有人受傷，取決於槍枝所瞄準的目標。如果扣下扳機時瞄準的是我們自己，那麼傷害到的就是我們自己。因此，同樣地，在做最高的密乘修持時，如果沒有正確的目標，甚至即使我們覺得是在保護自己，而最終可能摧毀的是自己，這就好像是開槍去射一個錯誤的目標。

要具備一個正確的心態非常簡單，只要按照「自他交換」來訓練即可。「自他交換」的修持與開展菩提心、證悟之心的方式一樣，總是願意與眾生分享，並且絕對不排除一切的生靈。只要我們沒有自私的心態，我們在這項修持上就不會出任何的錯誤。這即是較高階修持的要點：我們必須謹守證悟之心——究竟的佛心，而對於此點的培養，「自他交換」的修持非常重要。各位可能會覺得「自他交換」是這麼地簡單，但它卻是小乘、大乘，以及金剛乘佛法修持的必須，因此千萬不要低估它，它是每一個層次修行道的必修功課。

當我們的「自他交換」修持逐漸有成時，清淨的知識——智慧就會在我們的身上誕生。在這之前，我們執著於自我、人我二元性，相信萬法是堅固、實在、真實的，而這種清淨的知識能夠根除此對自我的執著。只要我們覺得包括自我感在內的任何事物，是真實、堅固、實在的，自己和他人的痛苦和問題就會從中衍生而出。當我們開展清淨的知識——智慧時，我們會瞭解到萬法及自我的空性。瞭解空性，見到現象或是自身，都沒有實質、實在的基礎，我們就能夠放下，然後，真正的慈悲就會獲得巨大的深化。由於我們目前有著很強的執著，因此無法想像那個時候，我們會有的慈悲的力量。

在培養這種認識時，我們會看到我們的感官與所感知的對境交會於瞬間，之後，當然，對此對境我們會有好壞的感受。但是如果我們

具有清淨的知識——智慧的話，我們是不會執著感官所感受到的對境為真實、堅實的存在。此清淨的知識有可能誕生在自己的身上，並且對於根除我執極為重要。

是諸佛教

在此課程中，我們已經講解了七佛通戒偈的前三句話：「諸惡莫作，眾善奉行，自淨其意。」那麼七佛通戒偈的第四句話為：「是諸佛教」。之所以有這一句話，是因為佛陀並不會按照外在的形相，來區分佛教僧眾與其他的眾生。是否為一個真正佛教徒的依據，並不在於外在的表相。只是理了頭，或是穿上不尋常的衣服，並不會讓我們變成佛教徒；或是留著長髮，也並不代表我們就不是佛教徒。經年不洗澡不會讓我們成為佛教徒，但每兩天洗一次澡也不會讓我們變成佛教徒。男女的性別無法界定佛教徒，力量的強弱也無法界定是否為佛教徒。我們的穿著、力量、性別等等，與是否為佛教徒無關。

如果我們開展出利他的心，這種想要利益他人的心的話，無論我們的國籍、種族、性別為何，我們就算是佛教徒。藉由訓練自心，在身、語、意上止惡行善，斷除我執，開展利他之心，這即是佛法。

因此，你是否為一名真正的佛教徒，你自己就是真實的證人，別人無法去評判，你只能按照自己的日常生活來做評斷。回顧你的人生，審查從第一次遇到佛法後，一直到現在，自己有了哪些改變。我所謂改變的意思，是指你的自心、你情緒的變化，並不特別指生活型態上的改變。接著，你就可能評斷自己是否為一個真正的修行

者，你所運用的修持是否對你有幫助。

這可能難以下評判，但是在遭遇到逆境時，你就能夠更瞭解這些修持是否真的對自己有幫助。一位男士可能會誇口自己力氣很大，但是只有在舉重物時，才能真正證實，只在嘴上說說並不代表他的力氣就會大。同樣地，如果一個人說自己非常英勇無懼，在戰時即可見真端。因此，除非遭遇到逆境，否則他們說的話可能並不符合他們真實的情況。同樣地，遭遇到困難時，根據自己對逆境的反應，你就能夠對自己做評判。

你必須對自己溫和，對自己的期望不要太高。不要期望自己是一個已經證悟的人。你絕對會有煩惱，只是你仍會完全受到逆境的影響，還是與過去相較之下，影響變少了呢？當然，逆境的確會影響你，你必須去比較遇到佛法前的自己，與現在自己的差別。如果逆境現在對你的影響似乎比較小，也就是比起在遇到佛法前來得小，那麼佛法的修持就對你有幫助，你的修持得當。你的侵略性、嫉妒心等等變得無法控制，還是受到消滅了呢？以這樣的方式去審查，你就能夠是自身成長的證人或裁判，就能夠知道自己是否為一名真誠的修行者。

於此，藉由七佛通戒偈的四句話，我們將佛教簡介講解完畢。

問答集

【問　題】仁波切，我有一個問題：介於我們外在世界與家庭的「日常生活」，以及「睡夢」之間的業力關係、業力效應是什麼？例如，如果我們在所謂的真實生活當中生病了，這就會造成差別，但如果我們是在夢中生病的話呢？

【仁波切】通常來說，夢是幻境的一個完美例子。同時，夢也被用來說明不具任何實質基礎的迷惑之心。因此，夢與我們平常生活之間，並沒有什麼業力的關連性。

　　　　　但是，夢能夠預知未來，雖然並非所有的夢都是那種可以預知未來的夢。這種可以預知未來的夢發生在清晨破曉時，這種便是與我們的日常生活有關的夢，因為它們可以預示未來。

【翻譯秋久‧惹達】此外，您提到的業力所指為何？

【問　題】對我來說，基本上我們究竟能夠從夢當中學習到多少？有些人可以從夢中解讀出一個人的個性、生活型態等等。我質疑是否值得以這種方式來處理夢境。

【仁波切】如我剛才所說的，佛教徒將夢做為幻相的範例，所以很難說我們可以從中學習到很多東西。但是，也有些人認為我們可以從夢當中知道過去生這樣的事情。我不能說這不可能，但因為我對這方面不熟悉，實在無法說得太多。

【問　題】我有一個問題是關於可能不會直接傷害到他人，但是卻可能會間接傷害到他人的行為。差勁的土地管理和製造大量廢棄物所形成的環境破壞，這是這個國家非常擅長的事，這便是

一個例子。這樣的行為是惡行嗎？

【仁波切】通常要說某件事是完全的邪惡、負面的話，必須同時要具備一些條件：（負面）行為的目的動機、自己實際在身體上造作出（負面）行為，並且對所做的（負面）行為感到某種的歡喜。此三種條件都具備時，便構成了完全的邪惡、負面的惡業。特別對於此廢棄物的問題，這裡並無涉及負面的意圖，而在未來也不會去隨喜累積了大量的垃圾等等，而事情就只是這樣發生了。

當然，這樣的行為絕非正面的行為，但是也不會造成沉重的業力。某種程度上而言，它是負面的行為，但一點也算不上是極大的惡業。

【問　題】我有一個關於修持的問題。我們討論到止的禪修可以幫助穩定自心。我們也談到了修心是一項可以培養慈悲、消滅我執與執著於物質的方法。對於我們如何分配時間來進行這兩項修持，您是否有可供遵循的一般準則？（當然，我的問題有很大一部分可能是為自己的不精進找藉口。）

【仁波切】基本上，對完全的初學者而言，只有止的禪修是真正需要的。我們所討論的修心訓練——包括「自他交換」，對完全的初學者來說，並不適用，因為他們的心尚未準備好接受修心的訓練。這個時候，止的禪修非常重要，雖然止的禪修並非究竟的修持。一旦我們有了一些止的禪修體驗，有了一些定力時，我們的心就會變得平靜，更具有接納性，並且願意放下。這便是我們應該運用修心與「自他交換」的時候了。

就你而言，你應該試著根據自己的心情，而交互運用修心與

止的禪修。我本來可以說各做一半，但是這樣可能並不正確，因為我們的心情會變。有時我們覺得平靜、放鬆。當你的覺得非常平靜放鬆時，試著去做修心的訓練。當你的心變得亢奮、念頭很多、難以安坐時，應該要花多一點的時間在止的禪修上。

【問　題】您是否能講講不斷重複唸誦「嗡瑪尼貝美吽」（OM MANI PADME HUM）的修持？它的價值何在？

【仁波切】這是一種很殊勝的修持。當以禪修的姿勢安坐，重複唸誦任何咒語，如「嗡瑪尼貝美吽」時，你應該明白你唸誦這個咒語的原因，是為了利益一切眾生。所以，當帶著這樣的動機來唸誦這個咒語的話，它就會幫助你累積資糧，同時也有助於你止的禪修的修持。因此，這是一項非常好的修持。

【問　題】仁波切，您提到以禪修的姿勢安坐來唸誦這個咒語很好。如果是在開車或走路時，唸誦這個咒語呢？這也會有幫助嗎？

【仁波切】當然。當你試著施行身、語、意上的善行時，不一定要坐著。正如你所說的，在工作中、走路中、開車中，你都可以修持。如果你是有意識地唸誦這個咒語，覺知到唸誦這個咒語的目的是為了利益眾生，這正是在動中禪修的意思：你的身體在活動當中，而你仍然是在禪修的狀態，這是很有利益的。

【問　題】仁波切，上午您說到欣賞一件事物與執著於一件事物的不同。在我們由欣賞踰越到執著之前，是否有任何警示？有沒有什麼辦法，可以讓我們不至於對難以放下的執著陷入太深？

【仁波切】我個人跟你和其他的學生一樣，會執著於非常吸引人的東西。因此，我可能不適合給予你這方面的指導。

但是根據佛法，五種感官是執著的門戶。我們會執著於很好看的東西、很好吃的食物、很悅耳的聲音，因此我們說五種感官是門戶，而五種感官的對境，是我們執著的五種對象。根據佛陀的教法，在看見非常吸引人、美好的某件事物時，你可以去欣賞它的好、它的美。為了不要踰越那個界限，你需要做的便是，一旦在欣賞過它後，想著你將那美麗的、吸引人的，供養給證悟者。一旦你行這樣的供養後，就不會有「我要得到它」的想法。一旦有「我」的念頭時，你就會真的開始去執取。

你還可以用第二種方法來對治。例如，在看見一個很美麗、很有魅力的人，你對其很欣賞時，就應該這麼想：「願一切眾生具備如此的美麗與魅力。」重點是不要去遮止你的欣賞，而是去遮止你的執著。欣賞事物沒有什麼不對。

【問　題】最近我有一個朋友在意外中喪生。我可以為他修阿彌陀佛法嗎？那要怎麼修呢？

【仁波切】這取決於他往生的時間。根據佛法，在往生之後的四十九天之內，修任何的儀軌，特別是阿彌陀佛儀軌，會有很大的幫助。在這期間，如果你無法每天做這樣的修法，在往生後每隔七天修法的話是最有幫助的。例如，如果他是在週六往生的，在下個週六以及接下來的週六，一直到往生後的第四十九天，修這個儀軌特別有幫助。往生後，亡者在這些特定的日子裡，似乎會經歷到比較強烈的死亡經驗，對中陰的恐懼也較為強烈。我們（三乘法輪寺）晚間在觀音儀軌之後

所修的阿彌陀佛法就相當足夠了。

但是，你必須將此修持的功德完全迴向以利益你的朋友。不管他是誰，在你修法時，要感覺他一直在場。同時，在整個修阿彌陀佛儀軌的過程，你應該觀想阿彌陀佛放射出光芒，並且將你朋友的恐懼消除。以這樣的方式，在你消除了這個人的恐懼之後，觀想你能夠將他由如中陰的恐怖境域，送往阿彌陀佛的淨土。接著，雖然這項修法一開始是為你朋友的利益而修的，但你在修法的結尾所迴向的對象，應該也包括成千上萬死於同樣情況的眾生，並且也囊括那些對善行的效應無知的眾生。將你修法的功德，也迴向願他們由無明中覺醒，並且獲得解脫。你可以在我們晚課觀音修法後的阿彌陀佛修法中這麼做。

【問　題】謝謝！

【問　題】喇嘛洛讀（Lama Lodö）在他的書裡關於五方佛的教導中，說明毗盧遮那佛與識蘊有關。仁波切您在上一次的開示中，講的是毗盧遮那佛與色蘊有關。這算是很大的差別嗎？他教的是這樣，您教的是那樣，這是有原因的嗎？還是有誤？還是由於他們都來自於同樣的智慧，這樣的差異就不重要了？

【仁波切】我不是非常確定。我們可以看《巴寶突綽》（bardo Thötröl）一書的內容，書名被譯為《西藏生死書》，但更正確的譯名應該是《中陰聞即解脫》。根據這本書，在解釋忿怒本尊等等時，色蘊是與毗盧遮那佛有關。可能喇嘛洛讀參考的是別的書籍，但我不是很確定。有時不同的續典會有不同的解釋，這是有可能的。

【問　題】這個問題是關於如何去除心中不善的念頭。我知道我應該以悲心來想著眾生，並且不去殺害他們。但是如果某人觀看暴力的電視影集，或是玩電動遊戲，您覺得會有什麼後果呢？有些電動遊戲是非暴力的，如開車遊戲。有一個我很喜歡的電動遊戲，其中我拿著劍與惡魔戰鬥。像這類的遊戲，這真的像是殺生嗎？如果這只是一種遊戲而沒有真的殺生，自心沉溺在這樣的事情當中，這仍然算是不太好的行為嗎？

【仁波切】對電視而言，電視一點也不會累積惡業（眾笑），電視很幸運。但做為觀眾的我們會累積惡業嗎？因為事情並沒有真正的發生，所以不會涉及真正的惡業。暴力影片中的男女演員並沒有真的被殺，即使片中有謀殺，但這暴力並沒有真的發生。既然實際上沒有事情發生，它就不會有真正產生惡業的基礎。但是，因為我們是凡夫，我們在看影片時，習慣地傾向於支持好人，而討厭壞人，並在看到好人將壞人殺死時，會感到非常地高興；反之，當壞人戰勝好人時，我們會感到生氣、沮喪。因此，它牽動著煩惱，會將我們的煩惱增強。但雖然我們在增長煩惱，我們並沒有真正累積任何的惡業。電動遊戲也是這樣牽動我們的情緒：你仇恨惡魔，你試著將惡魔殲滅，或是你想要某人被殺死；因此，這裡面有情緒，但並沒有實際的惡業。

【問　題】我所認識的一個人有著身體上的痛，而精神上也有一些痛苦。我的直覺反應便是說：「去見一個喇嘛，去拜訪一個喇嘛。」

【翻譯秋久・惹達】身體上和精神上都有痛苦？

【問　題】是的，是一種暈眩。可能有些痛苦，但大部分是暈眩，而這

種暈眩似乎無藥可治。這個人還有個家庭要照顧，並且也有些其他精神上的痛苦。有些什麼我可以告訴這個人的嗎？我覺得有些無力感。這個人看過許多醫生，但是沒有效果。不知有什麼建議嗎？

【仁波切】你朋友的症狀似乎是我們西藏醫學當中所說的「隆」（lung），或有時稱之為「風病」。西醫無法診斷出這樣的疾病。它無法被X光，或是其他儀器偵測到。藏醫對治療這類的疾病很在行。風病當中還有分許多種類，有血的風病、心的風病等等。因此，如果你聽說有好的藏醫來這附近，你一定要帶你的朋友去給他看。最近有許多非常好的醫生來訪，例如卓嘎瓦醫生（Trogawa）、耶些‧敦登醫生（Yeshe Dönden），這些都是非常好的藏醫。

【問　題】昨天我們領受到葉衣佛母（Iomachon）灌頂，其要旨是服侍一切眾生。除了一天三次唸誦這個咒語之外，我還能做些什麼？有其他我可以利益眾生的方式嗎？

【仁波切】目前，你必須帶著證悟之心──菩提心來唸誦咒語。證悟之心是成就任何修持非常重要的一部分，尤其是修這個法。如果沒有帶著證悟之心，修任何法、唸任何咒，其效果會很小。這並不是因為咒語或法沒有力量，而是你缺少菩提心，而菩提心是修法中如此重要的一部分。因此，你應該培養真正的證悟之心。同時，當你在唸咒時，你也可以運用「自他交換」的方法，也就是唸咒時，想像你將幸福、健康，以及免於疾病給予一切的眾生。如果你這麼做，同時也帶著菩提心，這就足夠了。

【問　題】四不共加行（ngöndro）如何適用於修行？是每一個人都應該

修呢？還是有些人不用做？

【仁波切】這個問題最好是以一個例子來回答。如果某人要在他的花園中栽植一朵美麗的花，這個人能夠不先育種或掘土，就去種花嗎？不去掘土的話，想當然爾什麼也無法如願地長出來。同樣地，沒有人不需要做四不共加行。一個不用修的特例，便是那些在前世曾經修過，並且在今生乘願而來的偉大祖古們。因為藉由他們修行上的成就，他們有能力選擇投生、化現到任何的地方，所以他們不需要修四不共加行，其他每一個人都必須修四不共加行。

【問　題】我有一個關於誓約的問題。我們承諾一天三次唸誦葉衣佛母的咒語，但是有時我們承諾要做的其他修持會干擾到這項功課。例如，我們做觀音斷食時要禁語，因此，我們就無法真的去唸誦咒語。或者可能我們一整天都在做密集的觀音修法，或是阿彌陀佛修法，或是四不共加行閉關，可能沒有時間去做任何其他的修持。我們如何處理像這樣的衝突呢？是否我們只要有意願在閉關一結束後就繼續這項修法即可？

【仁波切】首先，觀音斷食的禁語只適用於一般世俗的言語，不適用於法上的言語。在觀音斷食禁語的那一天，行者必須大聲地唸誦儀軌與咒語，讓這些聲音完全可以聽見。

　　再者，根據每項修法所花的時間，一項修法的確可能比另一項修法有更高的優先次序。你的心裡要記住你主要修法的考量是什麼，如果你修法的主要考量是要完成四不共加行，那麼你就應該將目標放在完成四不共加行，將唸誦其他咒語的功課降到最低。例如，昨晚我給各位的葉衣佛母灌頂，我其實可以要求各位必須整日唸誦咒語的，但是我並沒有這樣要

求大家，因為我知道你們還有其他的修持要做。因此，我要求每一個人唸誦咒語21次、7次，或是最少3次。念咒3次不會佔用什麼時間，因此沒有必要去破壞這個承諾。

【問　題】明天我離開這裡後，會直接到紐約市的港務局公車總站（Port Authority Bus Station）；在那兒，我會遇到遊民、乞丐、吸毒者等都在討錢的這些人。我在自己的居住地從來沒有遇到過這樣的情形，看到所有這些痛苦，令我感到非常難過，但我不知道該怎麼去看待它，請問應該如何看待這樣的情形？

【仁波切】你可以用它們來啟發你對修行的瞭解。特別是從這樣的事實，你可以學習到因果的不虛。它不僅告訴你因果不虛，同時也是一種無價的示現。這些人經驗如此難忍的痛苦，可能是因為過去生所累積的惡業所致。你必須以此為啟發你轉心向道的示現，讓自己更能攝心修行。以這樣的方式，如果你能夠將這個經驗用在有意義的地方，讓自己對修行更精進，那麼這樣的經驗就會對你有相當大的幫助。

再次，同樣地，你應該總是對他們生起悲心，絕對不要對他們生起瞋恨或是厭惡的心。如果有任何你能夠幫他們的，如金錢上或其他的方式，你也可以試著去提供那樣的協助。但是，如果你無法幫助他們，也不需要為此而沮喪，而應該祈願將來——在自己具備了那樣能力的任何時候，你就可以幫助他們。這樣，你可以藉助他們來啟發你的修行。

【第二堂課】

平靜的練習課：轉煩惱為道用

面對煩惱

世間一切的逆境，都是因為煩惱，而煩惱的根源，就是我執。

這裡將討論如何面對煩惱。我們會討論到三種處理煩惱的方式、階段。首先，當然必須要能夠認出煩惱；再者，必須要思維受制於煩惱力量的過患；最後，必須要修持任何能夠捨棄、超越煩惱力量的方法。

第一階段：認出煩惱

說到要認出煩惱，這裡所使用的「煩惱」一詞，指的是持續存在於每一個眾生內心中的某種東西，基本上它是我們痛苦的原因，並且破壞、阻止我們獲得快樂。但是煩惱並非與我們的心不可分，亦即它不是我們無法捨棄，或無法超越的某種東西。一般而言，我們的問題在於沒有認出煩惱的過患，沒有認出煩惱對於我們經驗這個世界的影響。

雖然說煩惱是我們痛苦的原因，我們通常卻將它誤以為是功德特質，反而想要去培養、增長它。結果便是，只要我們持續在這個增強、提升煩惱的過程當中，我們永遠不可能真正快樂。這就好比是一個生病的人，將毒藥誤以為是療藥，為了能夠痊癒而喝下一瓶毒藥；事實上，不但治不了原來的毛病，還衍生出其他的問題。

在指出我們所謂的煩惱時，它也可以被稱之為「三毒」。這裡的「毒」字是痛苦的一種意象，就像是中毒的感受。三毒為「貪」、「瞋」、「癡」。有時煩惱也被稱為「五毒」，亦即在三毒之外，再增加「慢」跟「疑」的煩惱。但是，所有煩惱的根本在於「癡」。煩惱因愚癡而生起，其力量也因為愚癡煩惱而增強。因此，對愚癡的剷除也會成正比地消減煩惱的力量。

煩惱的存在會導致無窮的煩擾與痛苦。如果仔細地去審查我們在世界中所經驗到的境況，我們可以看到眾生經歷的所有恐懼、危險、怖畏，乃至於實際的痛苦，以及一切生起的各種逆境，都是因為有煩惱。基本上，煩惱運作的方式，是讓那些受到其力量控制的人，造作惡行，而這些行為的印記所帶來的後果，便是遭受到實際的痛苦。由於這是事情實際發生的方式，我們的確可以說一切痛苦的根本和世界上的邪惡，在於人們受到煩惱力量的宰制。

不幸的是，當我們經歷各種不同的煩擾與恐懼，受到各種不同的痛苦，處於各種形式的危險時，我們並不會將這些認為是自身煩惱的產物，反而相信這些都是由外在那些打擾、威脅我們的特定條件或事物所造成的。在這個基礎上，我們生起更多的憤怒、煩惱，形成加倍的痛苦。這個過程愈演愈烈，結果便是：只要這個過程持續下去，那麼在我們一切的未來生當中，將不可能有絲毫真正的快樂。

這並非最近才有的問題，也不是此生才發生在我們身上的，事實上，這是無始以來就存在的問題。因此，可以這麼說：我們本初的敵人是煩惱。寂天菩薩曾經說過：

> 既然世界上所有的痛苦、悲慘、恐懼，以及邪惡，起於有一個本具之我的謬見，對於這個本初的敵人——這個謬見，我們一定要不惜一切代價地將它殲滅[3]。

因此，煩惱是我們真正的敵人。通常我們所說的「敵人」，指的是此生對我們做出令我們不悅的事情的人。一般的敵人所做的最壞的事，便是奪去我們所有的一切，或是殺害我們。一旦我們被殺害以後，敵人的力量也就告終；敵人無法從無始以來，沒有止境地傷害我們。但是，煩惱卻能如此，煩惱自無始以來便持續地在折磨著我們，除非我們採取某些行動，否則在未來仍會如此。

再者，一般的敵人，我們或許有軟化他們的辦法，例如跟他們做朋友等，事實上我們知道敵人的確經常變成我們的朋友。即使我們無法在今生與敵人做朋友，但今生的敵人極有可能變成來生的朋友，因此這種敵我關係並非永恆堅實。但是，無論我們多麼努力地一直想與煩惱做朋友，結果從不管用，煩惱從不軟化，從不停止對我們的折磨。因此，若去思維在煩惱宰制下的實際傷害，我們就會瞭解有必要盡一切所能，去超脫它們的影響，剷除煩惱。

---

3 中譯註：《入行論》第八品靜慮：「世間諸災害、怖畏及眾苦，悉由我執生，留彼何所為？」如石法師譯。

第二階段：降伏煩惱

一旦認出了傷害來自於煩惱，這就表示降伏煩惱的時機到了。佛法中能夠細分出來的門派不勝枚舉，而降伏煩惱的方法基本上也是不可勝數。根據每一個人的敏銳和精進度的不同，對治煩惱也有不同的方法。

小乘的方法：保持距離

就基礎修持小乘佛法的觀點而言，我們必須從看見煩惱的過患著手。接著，我們才能夠主要藉由身體與語言上的謹言慎行，而逐漸脫離煩惱的掌控。這就好像是我們在面對一個有點容易失控的敵人，我們會竭盡全力地避免與這樣的敵人作對。同樣地，為了不激發、點燃自己的煩惱，我們也要非常謹慎於自己身體與言語上的行為。

例如，在小乘佛法中，我們會離棄每件可能激起煩惱的事物，成為一個無家的遊民、出離世間的人，基於出離心而離家，且不再尋求成立另一個家。我們可能會離群索居，不在乎自己的衣食。這種方法基本上就像是逃離一個我們極度害怕的敵人。事實上這個方法既有效又恰當，因為當我們免於煩惱敵人的直接傷害時，我們就會有時間逐漸地去克服它們，並且絕對能夠防止它們對我們形成更強的控制。這個方法一開始是基於希望自身由煩惱中解脫出來，並獲得永久的平靜與快樂。這即是小乘修心的方法。

大乘的方法：直觀煩惱

接下來是大乘的方法，其特點在於運用非凡的洞見與善巧，來對治煩惱。基本上，這裡的洞見包括了認識到煩惱只是事件，而非本俱存在的事物。它們不過是因緣和合下，在內心發生的事件。當這些因緣條件具足時，我們所謂的煩惱生起了。但這些因緣條件不在時，煩惱就完全消失地一乾二淨，好像從來也沒有發生過一般。

寂天菩薩曾經說過：「只要沒有運用對治法來降伏自心的話，煩惱就絕無止息，就會持續不斷。」但是，當我們直接看著煩惱的本質、直觀煩惱時，我們會發現它根本不具任何的本質。它沒有任何本具的特質，完全是依因緣而起，完全依賴周遭正在發生的事情。對世界上一般的敵人，雖然我們可能會遠離他們，並捨棄與其仇恨的互動，但他們仍可能會攻擊我們。但是，若我們放棄對煩惱的脅迫牟取，放任它去的話，它是什麼也做不了，因為它並不存在。煩惱只是藉由我們自身的力量，而發生在我們內心中的事件罷了，它沒有自己的力量，它自己不具能夠打擾我們的本質，除非我們嘗試著去擺佈它。

因此，從大乘佛法的觀點，問題只是在於我們未將稱之為「煩惱」的這些事件，認出完全是因緣所生而非真實的存在。或者，我們認出了它只是某種心智上的產物，無法對我們如何經驗世界產生影響。所以，大乘的方法是去看見煩惱的本質，並因此而超越煩惱的力量。

大乘佛法面對煩惱的另一層面則是善巧。這裡的善巧指的是悲心的培養。因為當我們認出煩惱的本質，亦即煩惱不具任何的自性這個事實時，此認證與其後超越它的動機，在於思維我們並不孤單，我

們並非唯一因煩惱而受苦的人，事實上，其他每一個人都一直遭受到跟我們一樣的痛苦。當我們認識到這一點，亦即一切眾生有著同樣的苦因——煩惱時，我們的勇氣與力量就會倍增。這也就是說，之前我們逃離開煩惱，現在，藉由我們的悲心，我們獲得了這樣的認證，並且直接將煩惱看穿。

因此，大乘的方法便是認出「煩惱只是因緣和合」的洞見，並結合悲心的運用與生起的善巧。此認證與動機的結合，會帶給我們一種信心，而這信心實際上會開始成熟為歡欣與不造作的喜悅，將煩惱的狹隘斷除。

正如之前所言，煩惱是我們所有問題的肇因，因而降伏煩惱其實是修持佛法的唯一目的。因為修持佛法沒有其他目的，我們所要做的，唯有降伏煩惱的修持，別無其他的修持；我們沒有其他的功德特質要獲得，除了我們正嘗試做的這個修持（降伏煩惱的修持）之外，沒有其他特別的修持要做。真的，傳統上如法修持的唯一徵兆，便是煩惱「愈來愈少」。

若問：「如果真的降伏了煩惱會怎樣？會發生什麼樣的變化？」基本上，我們會變得快樂。有兩種快樂被開展出來：短暫的快樂，以及究竟長久的快樂。如果我們現在覺得快樂，這是因為沒有煩惱，煩惱開始消逝。如果我們現在沒有煩惱，我們不可能不快樂，因為不快樂即是煩惱。我們之所以能夠經歷長久的快樂，是因為長久不快樂的因是惡行的印記，而我們唯有在煩惱的驅使下才會造作惡行。而所有對煩惱的平息與其所獲得的快樂，其最終的結果便是成就自利，也成就利他。

通常我們在說到自利時，多數人會以為那是自私的心態。事實上，自私絕對不是對自己的利益，因為真正讓我們有益的，是讓我們自己快樂，而我們瞭解到唯有平息、降伏我們的煩惱，才能讓自己快樂。但是一般人所談的自利卻絕對不是自利，事實上，它是藉由增長煩惱、受煩惱的誘陷，而將獲得自身利益的任何可能性摧毀。因此，如果我們希望修學佛法，我們必須藉由看穿這一切來下手。寂天菩薩曾說：

> 雖然一切眾生希求快樂，他們卻全心投向自身的毀滅與悲慘之因[4]。

這意思是說，我們每個人無一例外地想要一件事：快樂。但是，因為無知而沒有認出快樂與痛苦的原因，我們藉由增長貪、瞋、癡而希望獲得快樂。除非我們能夠認出貪、瞋、癡不是快樂，而是痛苦的因，否則我們的目標與行為仍會是彼此爭戰對立。這是因為根據我們目前的知見，我們愈是要快樂，我們反而愈會努力地成就自身的惡業。

因此，我們有必要無誤地認出此點：學會分辨快樂真正的因，以及痛苦實際的因。如果我們對正發生的事有這種正確的知見，那麼我們所培育的善業就仍會是既真且誠。由於我們知道實情，因此不論善業的大小，我們仍然維持在正道上。如此，大小乘一切佛法的根本，即在於降伏煩惱；這是所有佛法的共法，就此點而言，一切佛

4 中譯註：《入行論》第九品智慧：「世人欲求樂，然由爭愛因，頻生煩亂喜。勤求生憂苦、互諍相殺戮，造罪艱困活。」如石法師譯。

法無異。大乘與小乘的唯一差別，在於我們發心的大小、動機的大小不同。如果我們主要關心的是一己的解脫，將自己由痛苦中脫離出來，這即是小乘；如果我們主要關心的，是將一切的眾生由自身所經歷的同樣痛苦中解脫出來，那麼這即是大乘。但在認清我們必須超越煩惱的力量這個事實上，它們是相同的。

金剛乘的方法： 洞見與虔敬

佛法中還有第三乘——金剛乘。但我沒有任何可以說的，因為我對它並不瞭解（眾笑）。我知道它很深奧，有各種修行的方法，看上去非常有效益。它「看起來」是這樣子的，但我能夠說的並不多。能夠肯定的是，修持金剛乘需要有超凡的洞見，並且要非常、非常地小心謹慎，同時必須要有很強烈的虔敬心。

重要的是，我們必須能夠區分法教所具有的功德特質，以及我們身為一個修行者的實際能力。例如，我們不能說一架飛機沒有功德特質，因為在駕駛員的手中，飛機是一個極其複雜有效的工具。但是如果有人給我們一架飛機，我們坐在駕駛艙中試著駕駛它的話，這可能會有問題（眾笑）。因此，一方面我們需要認識到佛法的功德特質，另一方面我們也必須瞭解，為了將不同法教的功用完全發揮出來，循序漸進的修學是有必要的。之後，我們才可能是一個好的駕駛者。

問答集

【問　題】一開始您提到三毒，包括瞋和癡。請問第三毒為何？

【仁波切】第三毒為「貪」。三毒中，「癡」為根本，因而有貪、瞋、癡的產生。再者，如果要談五毒，我們在三毒中可以另外加上「慢」和「疑」。我們所有一切的煩惱皆是這些的組合。

【問　題】我們如何培養「人必須超越煩惱才會快樂」的這種洞見？

【仁波切】不論我們是以什麼方式來看待煩惱，我們必須要有某種的洞見。這種洞見的產生，一開始是經由聽聞，接著是透過思維。「聽聞」首先指的是獲得資訊、研讀。例如，藉由聽聞煩惱的一些內容，我們便有了某些的瞭解。但是，這種瞭解的本身還不夠，因為這只是進入到我們耳中的某種東西罷了。我們還必須更進一步去實際產生正確無誤、真正的瞭解，以我們所有的智能來分析、錘鍊這個問題，直至我們對它完全瞭解，再也沒有懷疑。這個時候，我們就有了洞見。

【問　題】西方人擔心寂寞，害怕孤獨。我在想，如果修持小乘佛法，它可能在個人尋求解脫這方面帶來快樂，但是可能仍然遺留下一種寂寞感。

【翻譯喇嘛耶些】我得先跟仁波切解釋「寂寞」的意思（眾笑）。

【仁波切】這不會是個問題。首先，如果我們的修持是基於「我們必須捨棄煩惱」的這種認證，那麼我們也應該會認出念頭如「我沒有任何朋友。我身邊需要有個伴。我需要愛。我要這個……」等等，這些都是基於貪執，以及對自我存在的謬

見。一位真正的小乘行者，將會認出所有這種貪執、執著與人我的關係，只會將自己與他人帶往下三道。因此，就此觀點而言，這（前述的念頭）即是沉溺於煩惱當中。

寂寞本身不是與生俱來的，它是我們造作出來自尋煩惱的東西。事實上，對經驗的思維和觀照有兩種互斥的方式。一種是仍然將精力投注於煩惱中，其結果便是感受到寂寞；另一種便是實修小乘的方法，並認出煩惱不是我們投注心力之處。從這個觀點而言，愈寂寞愈好，因為如果是獨自一個人的話，這代表沒有人在打擾你，沒有人會阻礙你的修行，因此你就沒有什麼可擔心的（眾笑）。

【問　題】認出我們與一切其他眾生都有同樣的煩惱，如何帶來認出「煩惱為空性的洞見」？

【仁波切】我不能說生起這種悲心能夠自動產生這種洞見。它比較是指我們同時需要這兩者，讓它們能夠彼此增益，而比較不是說一者可以導致另一者。我不能說如果我們有這種悲心，自動就會帶來那種洞見；或者是如果我們有這種洞見，就會自動帶來那種悲心。但是，在另一方面，我也不能說這不會發生。因為有可能藉由悲心所生的功德，我們可能短暫照見某種洞見，反之亦然。但基本上，大乘佛法的特點是悲心與洞見雙融（悲智雙融）的修行方法。

【問　題】它不是本俱的雙融嗎？

【仁波切】對初學者而言，它不是自然的雙融，而是刻意的融合。但是當我們在修行道上繼續進步時，最終我們會發現它是根本上、本俱的雙融。

【問　題】當某人充滿了憤怒與欲望，並且在當下認出「哦！我充滿了憤怒」，或是「我充滿了欲望」，這時該怎麼辦？

【仁波切】其實是不應該以這樣的方式來處理，我們必須事先有所準備。一般來說，我們必須認出煩惱的過患。之後，當遇到讓我們產生煩惱的情境時，不論是貪、瞋、癡的任何煩惱，它生起的方式都不應該跟過去相同，或者說它生起的力道應該比較弱。我們不能奢望在它們已經生起後，能夠當場把它們捨棄。這就有點像是去旅行，其中部分的旅途是翻山越嶺，極為險峻的山路。在出發前，我們必須小心戒備，瞭解前面是何種路途。如果我們只是不經心地隨著路徑前進，突然發現自己就快要跌下去時，這就為時已晚了，因為我們可能無法將速度放得足夠慢。因此，這實在不是當場能夠做到的。

另一方面，你所提到的這種認出，在某種程度上，可能會有些幫助，因為當我們認出煩惱時，我們可以看著當下正在發生的事、自己的感受，以及它是多麼地令人不舒服。這種體驗可以帶來此種一般的認知，並且因為我們不想繼續處於痛苦的狀態下，煩惱的力量便可能稍微減低。但是從前面的角度而言，煩惱一旦生起，就為時已晚了。我們還是必須事先有所準備。

【問　題】仁波切，您說過短暫快樂的條件是沒有煩惱。您是否能夠重複說明究竟快樂的條件？

【仁波切】就當下、短暫快樂的條件誠如你所言。短暫的快樂不僅幫助自己，也會幫助他人。因為自己比較快樂、不生煩惱，就不會是他人的一個麻煩。至於究竟長遠的快樂，由於我們不會充滿煩惱，也不找他人的麻煩，我們就比較不會造業。由於

我們不造許多的惡業，我們就不會製造在未來產生痛苦的條件。

【問　題】仁波切，煩惱的來源究竟為何？為何人類會演變到如此受制於煩惱的地步？

【仁波切】一切煩惱的來源是無明，是個未曾有真正起始點（無始）的無明。也就是說，從來就沒有無明的第一剎那，因此我們無法說無明是在這個時間點後才開始的。無明的作用讓我們產生煩惱，而煩惱令我們造作惡業。而這些惡行的印記，讓我們產生更進一步的煩惱，並且產生更多煩惱與痛苦的外在因緣條件。因此，痛苦的因與果二者，無始以來就在進行著，所以此二者被稱之為「本初」、「無始」。

【問　題】我有一個關於「癡」這個字的問題，還有若干被使用的辭彙如「愚笨」、「迷惑」、「困惑」，以及「無明」。基本的無明是指：相信我們的不快樂，是來自於外在的條件與對境，而非我們自己內在製造出的事件或原因嗎？

【仁波切】事實上，所有這些辭彙指的是同樣的事情。特定而言，我們所謂的「癡」，指的是對這件事的愚癡：認為自我存在（有我）。愚癡的定義為：將沒有本俱存在的「非我」視為是「我」，以及具有本俱的存在。以這種愚癡、扭曲、迷惑的方式來看待事情，所有的煩惱與痛苦於焉生起。

【問　題】所以，基本的無明即是認為「有我」？

【仁波切】是的（眾笑）。

【問　題】是否可能不運用洞見，而確認出煩惱的原因呢？我心裡想的是所謂的非基於洞見的療法。

【仁波切】我不知道。這相當複雜，因為這裡必須能夠認出真正的問題。不論是哪一種學門，或是呈現的方式，若能真正認出病人的問題，亦即對問題的來源有真正的洞見，那麼問題就可以獲得解決。這樣就會有幫助。問題在於我們可能只在表面上處理了暫時的原因和病徵。這就好像只是拿了一塊布，在桌子的表面上擦過去，只是清潔了桌子的表面，但這並不會真正改變任何事情。

【問　題】以仁波切將修持金剛乘譬喻為駕駛一架飛機的例子來說，像我這樣一個沒有空性的完美見地，也沒有確信的菩提心，但是有強烈的虔敬和動機的人，嘗試著去駕駛這架飛機合適嗎？或者我會墜機呢？

【仁波切】嗯，你尚未起飛，所以也不會真的墜機（眾笑）。修持金剛乘有若干的步驟，你可以說第一個步驟就像是去到駕駛學校一樣。當我們還在駕駛學校的時候，我們是不會有墜機的危險的。重點是我們必須要經歷這個過程，而我也不是要禁止或阻止各位涉及這個過程。我要說的是，必須要有循序漸進的過程和教育，以及循序開展的修持。

【問　題】您是否能夠多談一些關於將煩惱視為只是發生的事件，對修學者的利益？

【仁波切】若我們真有此真實的洞見，它的利益即是——煩惱將無法生起。如果煩惱真的生起了，煩惱也會自解脫，因為我們對煩惱沒有執著。藉由瞭解煩惱沒有本俱的存在，我們就不會執

著於煩惱，而執著就像是煩惱的燃料一樣。事實上，在那個時候，煩惱就會像是畫在水上的圖案：它在一邊形成的當下，一邊就開始消逝，什麼也沒有遺留下來。但這只適用於對此洞見有真正認證的人，而不是止於理論上的瞭解，因為在實際煩惱生起的情況下，理論上的瞭解是幫不了我們的。

【問　題】您是否能定義正念？以及正念是否是對煩惱的超越？這跟獲得證悟有何關係？

【仁波切】基本上，正念的意思是不忘記事情。正因為這個涵義，而有不同的正念；它可以是覺知到善的正念，也可以是覺知到惡的正念。根本上，我們這裡所講的正念，指的是來自於我們意圖的一種動力，讓我們不忘卻自己試著要達成的，以及試著要避免的事情，亦即不讓自己失去對善業的修持，以及不讓自己造作惡業。至於正念與捨棄、超越煩惱之間的關係，正念是捨棄、超越煩惱的方法，而不是在超越煩惱後的那個成果。

而證悟、覺醒，它的藏文為「蔣秋」（jangchup），它具有相當的深意。第一個字「蔣」（jang）意思是「清淨」，或是「去除」，指的是已經永遠消除了所有煩惱，不會再有煩惱。「秋」（chup）意思為「完美」、「圓滿」，指的是所有的煩惱得到永久的淨除後，就會綻放出一切的功德。「蔣秋」一詞有幾種用法，基本上，它首先用來指稱「一地」到「十地」菩薩的證悟，也就是所謂「短暫的證悟」，接著有所謂「究竟的證悟」，也就是「佛果」。

【問　題】無明是否會到一個無可救藥、無法挽回的地步？由於我相信自己是自身痛苦的唯一製造者，如果我們可以從痛苦中解脫出來呢，雖然看似我們只能自己救自己，但是難道不需要某

種外在的干涉嗎？

【仁波切】沒有任何一種無明是無法挽回的，因為無明不是一個穩定、
永久、不變的東西。它只是我們心的一種沒有認出的狀態，
而不是一個具有實質性的東西。因此，真的，沒有所謂無法
挽回的無明。但在另一方面而言，的確，看上去似乎是這樣
的（眾笑），因為無明是連續的，它不會停下再開始、停下
再開始這樣。只要我們還沒有在無明自身的相續中，將其逆
轉，無明將無可逆轉，它不會就這樣消失。

但若我們採取去除無明的必要步驟，那麼它是有可能被逆轉、
去除的，因為它真的只是一項過程。它是依賴一些因緣條件的
一個事件，或是相續的多個事件。換言之，它是緣起互依的，
並非真的是一件東西，而比較像不同的事物和合在一起，產生
我們當下所感受到的經驗。雖然它從未開始，也不會自己止
息，但在其本質上，它一直不斷地生起並消失。

無明生起又消滅，生起又消滅，但在我們逆轉它之前，其過
程的本身絕對不會消失。這是因為過程的本身雖然持續，但
卻無常。無明的對治，亦即我們用以抵消無明，並獲得證悟
的功德，也是緣起互依的，也是依賴因緣條件的。換言之，
既然無明是因緣條件下的反應，我們就先從改變因緣條件下
手，而此對因緣條件的倚賴，即是他人的影響發生作用之
處。所以，是自己度自己，但是也需要他人的幫助。

【問　題】有時我只有在遭受到煩惱的宰制之後，才認出煩惱，在那之
前我並沒有將煩惱認出。有時我可以事先就認出煩惱，並且
迴避它。有時我是處於煩惱當中，才將它認出，這時感覺煩
惱就像是暴風雨，而自己可說是束手無策。我的問題有兩個

層面：第一，不同的煩惱有不同的對治法嗎？第二，當我處在如暴風雨的煩惱當中時，是否可以安然以待，並這麼想：「哦，它很快就會結束。」嗎？

【仁波切】如果我們認出煩惱的本質為無生、不具實質性，亦即煩惱沒有本俱的存在，那麼在不同的情況下，我們就不需要任何策略或特定的對治法。這就好像我們將箭靶去除了一般，如果我們把箭靶藏起來或是摧毀，那麼無論別人射出多少支箭，他們都無法射中目標。同樣地，如果我們將自我本俱存在的謬誤去除了之後，煩惱也就沒有了根基。

至於不同煩惱的不同對治法，一般而言，苦於愚癡的人，需要生起更多的洞見，以為其對治。對於貪執則有不同的對治法。給初學者的建議是，試著減輕造成這種貪執的顛倒見。也就是說，我們應該停止視不清淨為清淨；停止以逆向顛倒的方式，來經驗這個世界。對於瞋恨，基本上我們一開始先以思維瞋恨的後果與過患。尤其，從大乘佛法的觀點而言，我們將瞋恨轉化為忍辱。建議是以瞋恨的情境為燃料，用它來培養忍辱，以及伴隨忍辱而來的力量與勇氣。但基本上，如果沒有無明，就根本不會有問題，因為就好像如果沒有火，我們可以隨心所欲地將所有的木材堆起來，而木材絕對不會燃燒起來。

至於說處於極度強烈的煩惱當中時，該怎麼辦？在金剛乘中似乎是有對治的方法，但我不清楚這部分。就大乘而言，基本上它的方法便是運用自身的智力，用自己分析，或是認證的能力。例如在極度憤怒下，你可以直接看著憤怒，而在看著憤怒的當下，你可能試著去看它是否真的存在。如果它真實存在，那麼它應該存在於自身之內、或之外的某個地方。

如果是在這兩個地方之一的話，那麼它確實的位置在哪裡？如果它有某個存在的位置，它當然必須有個地方，那麼它就必須有個形狀，它必須佔據某些空間。那麼你的憤怒有多大呢？你的憤怒是什麼顏色？當你持續地這樣去看，當然，最後你哪裡也找它不著。就短暫的效益而言，你在這樣地去尋覓憤怒時，憤怒可能已經平息了一些。就長遠的效益而言，嫻熟了這樣的分析，逐漸逐漸地，不經意間，你就會發現一個事實：煩惱並不真實存在。

如果你對某人生氣，大乘的對治是去思維：你任何的敵人其實是你的朋友。因為，從大乘的觀點而言，培養、生起，以及增強菩提心的，主要是依賴對忍辱的培養。因此，能夠真正讓你培養出大乘行者需要的那種忍辱，唯一可能的情況，便是某個人對你有敵意。所以，誰對你有敵意，誰就是在提供你修行所需的條件——我指的是真正修行的條件。結果便是，誰看上去是你的敵人，事實上誰就是你累積功德的基礎，對你有極大的恩德。那麼，現在你怎麼可以怨報德呢？（眾笑）

另一種大乘行者看待這種情況的方法，便是歸咎於自身認為「自我」的存在（眾笑）。這便是所用的分析法。雖然這解釋起來很怪，而且當生氣時也無法真的當場將它派上用場，但是如果持續這樣地去串習此種思維的方式，你就能夠瓦解、衝破導致煩惱的謬見。

【問　題】仁波切，您是否能夠談談止的禪修如何培養出悲心，或是洞見？

【仁波切】為了生起真正的悲心與洞見，止的禪修的修持的確有其必要。

但是，止的禪修本身是否就足以培養出這些功德，這還取決於行者的動機。如果我們做止的禪修的動機，就只是為了培養平靜；如果我們培養平靜，就只是想要變得愈來愈平靜，處於一種平靜、穩定的經驗中，沒有痛苦，唯有平靜的喜悅，那麼我們將不會成就悲心，或是洞見。我們唯一能夠成就的，便是愈來愈平靜。事實上，在世界上傳授的大部分禪修，就僅僅是如此，就只是培養入定於一種靜止的寧靜當中。

另一方面，我們可以運用止的禪修，令心能專注在任何事物上，使得洞見與悲心能夠受到培養。如果我們運用這種平靜的定力，結合分析式的智性與悲心的培養，那麼定力就能夠自然地導致穩定的洞見和穩定的悲心。

止的禪修有點像是一把刀：如果我們把刀磨得非常、非常銳利，那麼我們就可以用它來切任何的東西。但是，如果我們沒有拿它來切任何東西，只是不斷地磨它，那麼刀再怎麼磨也不會切到任何東西。但是，如果我們真正運用這把刀子的話，它就會很銳利、很有用處。同樣地，止的禪修就像是一切功德與良善的必備良伴，因為穩定的止的禪修能夠讓我們修持任何法門，它不僅讓我們能夠修法，還能夠讓我們修法有成，讓事情能夠成辦。

【問　題】是否能夠談談您的傳統是如何培養悲心的？

【仁波切】它由認出自身的痛苦為開端。我們必須從誠實地看到我們正在承受的為出發點。當我們瞭解到自己的痛苦，以及痛苦的來源，那麼當我們在看別人的時候，我們就會看見他們基本上正經歷同樣的經驗。如果我們真的看見別人正受著跟我們一樣的痛苦時，我們就會生起悲心。因此，悲心來自於認出每一個人

基本上都跟我們一樣，我們與其他任何人都沒有差別。

【問　題】您是否能多解釋一下「無我」的意思？如果我不存在，那什麼存在？

【仁波切】嗯，有身跟心。你知道的，你有個身體也有個心。我們可以說這些有點像是存在（眾笑）。至於這個「我」，它要不是這兩者之一、或兩者皆是，要不就是兩者皆不是。要瞭解「我」不存在的方式，就是去分析在這些選擇當中，是否哪一個真有可能。

這不是你在接下來的幾秒鐘中就能夠弄明白的（眾笑）。你需要做的就是實際地去看。如果有一個「我」，那麼它在哪裡？它長得什麼樣子？它有任何實質性的存在嗎？如果有的話，它就必定能夠被偵測到；如果沒有的話，那又是什麼意思等等。你必須去分析這個被安立的「我」的各個層面，以決定它的特性，以及具有這些特性的事物是否能夠真的存在。最後，透過這樣的分析，我們就能夠對這些辭彙的真正涵義有些體驗。

【問　題】您是否能夠談談什麼真的存在？例如緣起互依，或是空間性？

【仁波切】緣起互依只是指相對性。它指出眾生有的特質相對於其他事物的特質。例如，若我想要彈指，我使用大拇指和指頭來做這個動作。它們之中任何一者，並非天生便會有任何聲音發出來。但當我使用這兩根手指來做所謂「彈指」的動作，就會發出這樣的聲音，而這個聲音並非來自於其中任何特定部分。

│第二小節│

止

成佛之道始於此。

邁向成佛之道的第一步

不論我們是屬於最高根器的類別、最聰慧的人，還是中等、下等根器的人，成佛之道皆始於止的禪修。止的禪修，梵文為「奢摩他」（shamata），藏文為「息內」（shinay），也就是一般所說的安坐禪修。止的禪修幫助我們培養專注力，遠離尋伺與散亂，因此對上、中、下等根器的人都有必要。它讓三種根器中的每一類人，開展出一種平靜、遠離尋伺與散亂的專注力，可以說是邁向成佛之道的第一步。

所有三種根器的人都需要禪修，就好比是每一個人的成長都始於兒童的階段，不論是偉大的作家或是詩人，幼年時都要上學，第一件必須學的功課是字母。學了字母之後，他們才有可能在未來成為偉

大的作家。如果他們沒有學習如何讀寫，其後就不可能變成偉大的作家。因此，「奢摩他」或「息內」對三種根器的人都非常重要。

止的禪修的總旨與目的，在於開展心安定的本質，也就是七佛通戒偈的四句偈中所言。透過此四句偈，我們得以瞭解佛教的特色與禪修的目的；當有人告訴我們「諸惡莫作，眾善奉行」時，我們可能會問：「這應該怎麼做？怎樣才能避免一切的惡行、奉行眾善，而且不僅只是去行持，並且還要圓滿地去行持它？我如何才能做到呢？」答案便是經由止的禪修、安坐禪修來進行。第三句偈文是「自淨其意」，心是有可能透過止的禪修而得到淨化。藉由禪修來淨化自心、開展禪定的功德，就有可能遮止一切的惡行，並且奉行一切的善行。

接下來，有人可能問道：「清淨自心與開展自心的安住，又是如何引領我們奉行眾善、斷除諸惡呢？我實在不瞭解。」我們可以經由這樣的解釋來理解：我們的煩惱來自於無明；因為無明所以迷惑，沒有了無明，也就沒有了迷惑；沒有了迷惑，就是智慧、就是洞見。同樣地，我們都有貪執，並且由於這樣的執著與貪執，我們製造出許多麻煩、困難、痛苦的情境。而沒有了這種執著與貪執，我們就會有圓滿的戒行。同時，我們目前也有瞋恨，我們也很明白瞋恨所帶來的後果；沒有了瞋恨，我們就會有安忍。如果能夠淨化自心的話，我們就得以去除無明、執著與瞋恨。這即是禪修能幫助我們奉行眾善的原因。

禪修與證悟

對於初學者而言，「證悟」這樣的概念，不僅難以置信，有時甚至可能不太合理，要去除一切的煩惱——所有的迷惑、謬誤、無明、執著，與瞋恨等——似乎不太可能；因為截至目前為止，他們可能一直受到煩惱的控制，煩惱的力量是如此地強大，似乎不僅很難，甚至不可能將它們去除。

這就好比是一個人經年累月地被關在一幢沒有窗戶、暗無天日的房子裡，如果有一個人能夠進到屋內告訴這個人，房子外面非常明亮，有許多美麗的花草樹木等等。但是無論這個人眼睛睜得多大，也無法看到外面世界的明亮與樹木叢林的美麗。然而，若假設這些事情不存在，也並非正確。因此，這個人可能會問：「什麼才是能夠真正經驗到這些美麗事物的正確方法呢？」我們可以建議這個人，想要看到外面世界的美麗的方法，就是在牆上打一個洞，因為阻礙這個人看見外面世界的，便是這堵牆。但是，只是知道或聽聞牆外別有一番天地，尚無法將牆去除，這個人還必須下功夫，若是缺乏有力的工具，這個人可能還必須徒手挖牆，並且可能花上幾年的時間。但只要這個人不放棄，總有一天能夠在牆上鑽出一個洞，看見外面陽光的明亮與世界的美麗。同樣地，由於受到我們的覆障、煩惱之牆的阻擋，「證悟」的觀念可能令人感到難以置信，但是這不應阻礙我們練習禪修。

我們談到了止的禪修的重要性，以及一個如法的佛教行者需要具備必要的因緣條件。具備了這種必要的因緣條件，我們就有可能接觸到修持的方法，領受到法教，並且精進地修持，繼而剷除一切謬誤，並開展智慧與洞見，而有經驗到證悟的可能。這是對佛教的簡單介紹。

止的禪修指導

大海中波浪起伏不斷,但它們不會對大海造成困擾。
它們只是生起,又消逝到大海中。

止的禪修在藏文中為「息內」(shinay)。第一個字「息」
(shi)的意思是平靜、平息。這裡指的是,內心思維、念頭
的持續過程的力量獲得平息、消滅,並非完全平息,但是它的力量
能夠獲得消滅。第二個字「內」(nay)意思是駐止。意思是說,藉
由平靜的產生,我們獲得讓心安住在所緣對境中的能力,這個對境
可以是想像的,或是任何我們將注意力投注之處。

有許多不同修持止的禪修的方式,同時也有許多不同的修持方法。
但所有的這些方法卻有一個共同點,亦即它們的目標都是為了減弱
我們念頭的力量,讓我們的心能夠專一安住。事實上,止的禪修並
不僅是佛教徒的修持,而是所有精神修持傳統的共同方法,因為它
是任何一種精神修持的必備基礎。

無論如何，止的禪修在佛教和其他的傳統之間，還是有些不同的修持方式，因此在修持成果的品質上也會有些不同。就佛教而言，經藏中，止的禪修的基本修持方式，便是獨居在靜處，這樣比較不會散亂，坐在一個舒服安穩的座位上，雙腿盤坐。接著，身體伸直，將心安住於平靜的狀態當中。此對修持的地點、身體的姿態等等的注意，形成了修持止的禪修的根本。

在大手印以及金剛乘傳統中，皆有關於止的禪修方法的說明。例如在第三世大寶法王噶瑪巴讓炯多傑的〈了義大手印祈願文〉中，特別談到方法以去除修持止的禪修的障礙，以及修持止的禪修所生起的功德與成就：

> 妄念波濤巨細自地息，
> 不動心之水流自安住，
> 昏沉紛擾之垢咸捨離，
> 止息大海不動願穩固。

偈文的第一句話為去除過失：

> 妄念波濤巨細自地息，

之後第二句話：

> 不動心之水流自安住，

修持的成果則以祈願的方式，呈現於最後的兩句話：

昏沉紛擾之垢咸捨離，

止息大海不動願穩固。

此偈文實際上說明了我們修持止的禪修的根本方式，但仍需要更進一步的解釋，我們必須去深究它的意義。如我先前所言，止的禪修其實有兩個元素：經教傳統的共法，以及密續或金剛乘，對止的禪修之功德，究竟是如何生起的內容。

獨居靜處

首先，我們必須瞭解經教中止的禪修的基本方式。如前所言，一開始要居於靜處，獨居。獨居閉關指的是外在與內在的閉關。外在的閉關包括在一個不受侵擾的地方修行。這裡的獨處，指的是自絕於在某種危險的環境內修行時，所經歷到的不安，意思也就是處於一個不受人類危害，或是動物攻擊的地方，如修行的房間不會突然被焚毀，而我們也不會有任何的焦慮。如果我們在禪修時，有這樣的念頭：「可能會有個什麼東西跑進來殺害我！」那就不可能培養出任何的平靜。因此，外在的閉關指的是，在一個我們能夠有所掌控的地方進行閉關修持，自己能夠放心安住，不用擔心個人的安危。

內在閉關，基本上包括不讓自己受到念頭的誘惑，意思就是說，如果我們在一個適合的地方禪修，雖然有著正確的禪修姿勢，但卻讓自心四處遊蕩，並且還被生起的念頭牽著鼻子走的話，這就不算是在修持止的禪修。因此，光有好的姿勢是不夠的。基本上，內心生起的念頭，可分為過去的念頭，現在的念頭，以及未來的念頭。通常我們不是想著過去、分析過去發生的事情，並根據這樣的分析而

起煩惱，就是想著我們正在做，或將要做的事情，或是想著未來可能發生的事情，然後進行各種的計畫。如果讓自己陷入任何這類的思維過程當中，我們就不是在進行禪修。為了能夠達到內在的閉關，我們必須依賴任何一個能夠讓我們的心沉靜下來的如法技巧。這即是獨居閉關的真義。

一個舒適安穩的坐墊

下一個特點是經教的基本觀點，即是有著一個舒適安穩的坐墊。這點真的相當重要，因為禪修時我們不能坐在一個會讓我們分心的坐墊。例如，坐墊不能有刺、釘子，或是會刺到我們的尖銳物品等。坐墊不能太硬、太軟。我們所坐的任何墊子，應該要讓我們的背側稍微高於我們的前側、高過膝蓋，這樣便不會壓迫到我們的背。此外，我們不應該向左右側傾，因為如果我們必須經常為此調整姿勢，這也會形成壓迫與散亂。但其實我們都毋須為此擔憂，因為我們大家的坐墊都很棒。

毗盧七支坐法

接著下個姿勢的要點是上半身伸直，向上拉直。正確禪修姿勢的正式名稱為「毗盧七支坐法」，指藉由身體上的調整，使自心的本質能自然地呈現，讓心自然地在一種舒服的狀態下安住。

第一支：腿的姿勢

毗盧七支坐法的第一支是雙腿交叉為「金剛坐」，或是「菩薩坐」（Bodhisattva posture），此二者的任一姿勢皆正確。止的禪修的基本指示中說，雙腳應該交叉盤坐，此外並沒有更細節的說明。但腿的姿勢會因經教傳統，或是金剛乘而不同，並且根據各人柔軟度的不同，適合每個人腿的姿勢也會不同。如果柔軟度夠好的人，絕對應該採取金剛坐，亦即所謂的「雙盤」，也就是腳掌放在大腿的根部。如果是年紀大，像我這樣的人，或是非常僵硬的人，或是初學者，雙盤就不是方便的姿勢。屬於這種情況的人，可以採取藏文稱為「森沛其仲」（sempay chiltrung）的姿勢，亦即一隻腿放在另一隻腿的前面，所謂的「散盤」、「菩薩坐」。經教傳統對此並沒有特別的要求，這兩種姿勢皆可。但在金剛乘中，絕對有必要採取金剛坐。

這個姿勢的重點在於給予我們一個穩定的坐姿：讓我們不會向左右傾倒，而身體在保持伸直時，也不會有壓力。

第二支：手的姿勢

毗盧七支坐法的第二支是手的姿勢。一般而言，在經教中最為常見的說明便是，一隻手的手掌疊放在另一隻手的手掌上，並且將雙手擺在肚臍下方。另一個選擇是，雙手放鬆，掌心向下，平放在大腿的膝蓋上。此外，在修金剛乘時，還有一種不共的姿勢。當然了，雖然我們現在不是在做金剛乘的修持，但是就像我們在砌牆前，必須先將水電的管路拉好的過程是一樣的，我們現在最好先瞭解這樣

的姿勢，這樣將來當你需要用到它時，才不至於驚惶失措。這個金剛乘的姿勢是將大拇指壓在無名指的根部，並且手掌形成一個握拳的姿勢，將大拇指包在裡面，然後接下來的姿勢跟經教的姿勢一樣，將拳放在大腿的膝蓋上，拳心向下，但是手臂是伸直的。這個姿勢的好處是它讓我們的身體變得很直，而且伸直的手臂防止我們向左右傾斜。

第三支：上座的方式——左右旋轉調整位置

第三支的姿勢是我們在禪修一開始上座時，我們朝左右各旋轉一下，目的是將雙股調整到一起，閉合它們之間的空隙，並且強化、調整腸子的位置。這個動作可以帶起所謂的「下風」（the lower wind），有助於保持內心的平靜與舒坦。

第四支：讓小腹外凸、放鬆、再內縮

當我們在安置雙手時，我們可能會有點前傾的傾向，而毗盧七支坐法第四支的要點，便是在修正這個傾向。所以在這個時候，我們沒有馬上收縮小腹，因為它容易讓我們前傾，我們先是讓小腹凸出，之後放鬆小腹，然後再將小腹內縮一點；在這個過程中，雙手的位置不變。這個調整的動作，讓我們不會向前傾或前彎。

第五支：視線

毗盧七支坐法的前四支是關於肩膀以下的姿勢，我們還未講到頸部與頭部的姿勢。毗盧七支坐法的第五支是視線的安置。一開始，我

們的雙眼先看著自己的鼻尖，然後沿著這個直線向外延伸，最後我們的視線，會停留在地上離我們雙腿約一個前臂的距離。這個視線的位置可以避免我們的頸子向側面晃動。同時，我們並不應將頸子後彎向上看，也不將頸子前彎過度地向下看。

第六支：舌頭的位置

第六個要點是舌尖觸著上顎。這個姿勢控制唾液的分泌，如此我們就不會因為要嚥口水而分心。一開始可能會有很多的唾液，但是最後唾液會停止。

第七支：下頷的位置

第七支也是最後的一個重點是，下頷稍微向喉嚨下縮，微微地抵在你的喉嚨。要點是不要讓你的下頷上揚、向前凸。

此七支坐法的功用是給你一個筆挺、伸直的姿勢，讓心容易安住。此七支坐法同時具有內在與外在的利益。截至目前為止，基本上我已經解釋了外在的利益。而內在的利益與高階的修持有關，當各位修到那個程度的時候，就會瞭解這些利益為何。這就有點像是一瓶水：如果瓶子不受攪擾、讓它平平靜靜的，那麼裡面的水也就不會有波動，它就會定在那裡。透過同樣的方式，毗盧七支坐法所帶來的外在利益，也能夠產生內在的利益。

止的禪修的開展：所緣的對境

止的禪修的開展下一個層面，是將心安住在三摩地中。「三摩地」意思是「禪定」，指的是將心安住在一個選擇的對境上。許多物品都可以用為開展基本止的禪修。例如它可以是某個中性容易長時間看著的東西，我們可以將這樣的物品放在自己的面前，然後將注意力放在上面。我們同樣也可以用一尊佛像或佛塔。我們也可以用文字、字母，最常用的種子字為「啊」（AH）、「吽」（HUM）。我們可以用一個點的圖案，例如所畫出任何顏色的點的一個圖案。不管使用的是哪個物品，我們將視線擺在這個具有形體的一個對境。然後，由於我們的眼睛看著這個對境，自然我們的心就也會安住於其上，這個方法運用了我們使用視覺的習慣。

以呼吸為所緣

另一個方法是將注意力放在呼吸上。自然地呼吸，亦即不刻意以任何方法去規範、加長，或縮短呼吸，只是將你的注意力放在呼吸上。因為當你的心覺知到呼吸的過程時，它就開始能夠安定下來。

我教的主要方法是將注意力放在呼吸上，意思是對呼氣與吸氣有所覺知。使用這個方法而不使用其他方法的原因是，呼吸自然就在那裡，並且一呼一吸的律動，相對來說容易平息念頭，亦即念頭的運動，變得與呼氣和吸氣的律動相配合，然後每一件事情開始冷靜、緩慢下來。

如果使用的是將注意力擺在呼吸上的這個方法，那麼一定要從吸氣

開始。雖然在一開始我提到，通常我們不應該以任何方式來操弄、控制呼吸，但在你禪修的一開始，先吸入一口非常長、非常慢的氣，能夠給我們一個清新的開始，不會受到連續不斷的念頭的抑制，而此連鎖的念頭可能在你禪修之前就開始了。所以，擺好禪修的姿勢，慢慢吸氣，感覺氣流進入肚臍的下方。然後，當你呼氣時，感覺氣流由體內出去，消散到虛空當中。開始的這一口長而緩的氣，對初學止的禪修的人而言，非常、非常有用處，它能夠將念頭冷卻下來。

之所以要將注意力同時放在呼氣與吸氣上，而不只是其中一者，是因為如果你只注意其中一者，那麼另一者就極可能過於不經意，而通常初學者這個時候會分心，然後要浪費很多時間才能再回到呼吸上。因此在一開始，有一個持續的所緣境──這裡指的是呼吸，會很有幫助。不管如何，當然，當你開始止的禪修時，你會分心，忘記注意呼吸而迷失在念頭當中。一旦你認出自己已經分心，正在想事情時，只要將注意力帶回到呼吸上。而再回到呼吸上時，就跟剛開始禪修時一樣，先吸一口長緩的氣，有個清新的開始。這個方法，正如我之前所言，對於切斷念頭的鏈環極為有用。

當行者練習了這個方法一段時間，並且嫻熟到心自然地安住在呼吸上時，就可以進行下一步練習。這時注意力並不跟隨著呼吸的整個路徑，而只維持一個對呼吸過程的單純認知──微微地注意到呼吸的氣息在鼻孔的進出，而不需要注意比這個更多的細節。放下正在吸氣呼氣的念頭或想法，只要在鼻孔感覺著呼吸即可。

修持的體驗

如果你開始經驗到自己的心，能夠安住在任何所緣的對境上時，這是止的禪修修得好的徵兆，但是這並不會很快地發生。不會因為你在早上做一點修持，晚上又做一點修持，就可以馬上有這樣的體驗；或是在做完一次「達屯」（dathun）[5] 的閉關後，就能夠有的體驗。但是，一開始會有的體驗是，你會覺得自己不禪修時，比在禪修時感覺更為舒服。這是因為當你在禪修時，內心似乎充滿了比之前更多的念頭、更多的思維概念，而當你不禪修時，反而感覺樣樣事情都還不錯，自心似乎有點冷靜了下來。

這是因為在你開始修行之前，或身為一個初學者，在座間時，你的心雖然受到各種感官對境的牽引，但沒有認出或直接經驗到一直在心中流動的所有念頭。另一方面，當你在座上禪修時，注意力就只放在所緣的簡單對境時，你會經驗到所有能夠阻斷禪定的念頭、感覺等。因此，你不應該覺得自己的心變差了，事實上，認出念頭並對此感到不舒服，這是個很好的徵兆，因為它代表著你開始能認出念頭。這就有點像是在一個開闊的原野上，瀰漫的水流流經整個原野，看上去水流的速度不是很快。但在之後，如果將水匯導到一條河道內，看上去就會是一條非常湍急的河流。但水流的速度並非真的變快，只是因為水被聚集到一處，讓我們能夠更容易地偵測到水流。

---

5 英譯註：藏文「達屯」的意思，是為期一個月的止的禪修閉關。

瀑布、河流與大海

行者在修持止的禪修時，一般會有一個過程。首先會覺得自心像瀑布，不受拘束、極為呱噪、猛烈的一連串念頭，就像是懸崖上的水流傾瀉而下，似乎不得安寧。這是好的體驗，因為它只不過是偵測到了一直以來就有的情況。平靜自心的第一步，即是認出這個瀑布。

接著，我們的心開始變得像是平原上流速相當快的河流，有時湍急、有時平穩，就是這樣流動著。同樣地，有時自心受到念頭攪擾地相當厲害，而其他時候又似乎開始平靜下來。這是行者似乎會經驗到的第二種經驗。

如果行者繼續進行修持，那麼當念頭持續生起時，這些念頭再也不會是個問題，它們並不會讓行者由所緣境中分心。這就像是大海中波浪起伏不斷，但是就算是有波浪，它們也不會對大海造成困擾。它們不會將水帶往別處，它們只是生起、又消逝到大海之中。當開始有這樣的體驗時，就是進入到了相當高的止的禪修。這是一個非常好的徵兆，代表我們正開始受到訓練。

第四種體驗是，當習慣性地擺好正確的禪修姿勢並開始禪修時，心馬上自然平靜下來，我們無須試著強迫自心去適應技巧的框架，它自然就會安住在任何的所緣上。這個時候隨順自心即是禪修的技巧，我們不需要把自心向內拉或往外推，它自然就會安住著，不受念頭，或其他對境的干擾。這時即是真正的「止的禪修」。這種「止的禪修」是將來修持「觀的禪修」的基礎。這第四種體驗就像是平靜無波的大海，而這也正是第三世噶瑪巴在〈了義大手印祈願文〉中第四句話所言：

昏沉紛擾之垢咸捨離，

止息大海不動願穩固。

成就止的禪修

某人成就止的禪修的徵兆是，即使這個人以前是任性好鬥的，這個時候任何事情都能開始沉靜下來。如果這個人之前很焦躁，那麼現在會變得相當放鬆。一般而言，無論此人在何處、做何事，他總是平靜馴服，行為得體。這樣的人不會對悅意的經驗，或歡愉的情境，感到特別地高興，也不會對各種不悅意的經驗，或可能令人起煩惱的攪擾，感到太生氣。這個人不受外在環境控制的原因在於，他的內心是如此平靜舒坦，他並不需要依賴外在的條件，因此，外在條件也就影響不了他了。

我們必須持續練習止的禪修，直至達到那樣的境界。當我們的心已經調伏到了那種程度，我們便具備了修持「觀的禪修」的基礎，因為此時我們的心，已經能夠安住於任何所緣或所參悟的對境。同時，這個時候，我們可能開始進行高階的修持，例如生起次第等，因為此時我們的心已經獲得降伏，堪受調教，並且能夠融入任何所選的對境當中。誠如善行取決於一個能夠安住在對境的心，因此，止的禪修是任何善行的必備良伴。

所以，如果運用得當，止的禪修是開展任何功德的基礎。但如果運用不當，它也會是長養可觀過患的基礎。這是因為當我們平靜下來後，我們的內心開始變得更為舒坦。當處於一種平靜的狀態時，我們經驗到真正的快樂、喜悅，並且有可能因為對它是如此喜愛，以

至於我們開始執著其為修持的目的。這個時候我們開始變得像是一隻耳後被搔癢的貓，覺得愈來愈快樂、愈來愈放鬆。當我們被這種執著所擄擾後，那麼不幸的便是，我們做愈多的止的禪修，我們的禪修愈穩定，我們愈是對它執著，結果便是：任何與止的禪修作對的事情——將我們帶離所耽於的平靜之事，都會被視為極具威脅性，並讓我們生起瞋恨。而我們對止的禪修有多執著，我們的瞋恨就會有多大；基本上世界上大部分種類的禪修，都會導致這樣的後果。

既然我們有必要培養止的禪修，而唯一能夠超脫這個問題的，便是在禪修時，對所發生的事完全放下：不管我們的感覺有多好，不要想去擁有它、延續它，不要將它變成禪修的目的，而應捨棄、捐棄它。

昏沉與散亂

此外，有兩個阻礙培養止的禪修，以及其後任何種類禪修的過患：「昏沉」和「散亂」。「昏沉」是發生在禪修中的一種狀態，讓我們覺得身體開始變得虛弱，像是想動也動不了的感覺。我們的心也開始覺得不清晰，似乎不具任何生動的清明，這時還可能會睡著；即使沒有睡著，我們的心還是呆滯的。雖然我們的心沒有受到任何念頭的攪擾，心也很平靜，但卻是一種非常魯鈍、昏昏欲睡的平靜。只要我們持續處於這種昏沉的狀態，我們就絕對無法從止的禪修中獲得任何的利益。

第二個過患是「散亂」。這可能展現於我們心中生起的煩惱，我們

是如此地受到煩惱的攪擾，以至於我們無法回到禪修所緣的對境上。或者，它可能展現為受到某種外在環境的誘惑，以至於我們的自心受到五種感官之一的對境吸引，而無法自拔。不管是哪種情況，散亂的問題在於，它無法讓我們的心，安住在所選的對境或方法技巧上。通常它發生的方式是這樣子的：煩惱生起，而將我們的注意力轉移到我們所選的禪修對境外的事物上。我們對此事物或感官的覺受是如此地投入，以至於即使我們認出自己已經分心了，但仍無法回到禪修的技巧上面。

對治法一：強化覺知

這兩者——「昏沉」與「散亂」為禪修的主要障礙。但我們有對治的方法。當發覺自己昏沉了，對治便真的是將每一樣事物向上提。意思是說，我們要去激發、提升、強化對姿勢的覺知。這時，我們要很小心地不要讓自己的姿勢太鬆弛了。事實上我們要將身體的每個部分都縮緊一些。如果可能，採取金剛跏趺坐的坐姿，將眼睛的視線向上提，看著上方的天空，或是自己面前的虛空。或許我們可以將身體緊縮一點，然後帶著覺知力，很謹慎地將自己的注意力放在禪修的方法、技巧上。例如，我們可以一路跟隨著吸氣，然後再一路跟隨著我們的呼氣，讓覺知專一地聚焦在這個技巧上，這就能夠祛除昏沉。

對治法二：行走禪修

如果是獨自一個人修持，那麼還有另一個祛除昏沉的方法，那便是起身，非常專注地自己的姿勢上經行（行走禪修）個幾分鐘。這能夠斷

除對魯鈍的沉溺，亦即能斷除昏沉。當回到座位上時，就應該不會再昏沉了。但如果是和他人一起共修，我們當然就不能這樣做。

再者，如果發現自己太興奮散亂，而無法將心帶回到所緣的對境、技巧上，並且沒有自由或控制的餘地時，其對治法便是將所有部分向下放。確切意思是說，要將視線向下調整。我們甚至可以將身體彎下一點，這樣做個幾分鐘，然後閉上眼睛，像是有種黑暗的感覺。這就會冷卻、切斷散亂的鎖鏈。我們也可以放鬆自己的姿勢幾分鐘，然後再伸直回到正常的姿勢，這種調整應該能切斷散亂的鎖鏈。

對治法三：運用觀想

另一個推薦對治此二過患的方法是「運用觀想」。這其實相當簡單。對昏沉來說，如果禪修所緣的對境是呼吸，建議在呼氣時，觀想你的氣息是向上飄昇的白光，並且消融在頭頂上方的虛空。吸氣時，這個如太陽光般閃耀的白光，由鼻孔進入，並充滿你的全身，這便能夠祛除昏沉。同樣地，如果你受到散亂的宰制，觀想你的呼氣就像是黑光，而此黑暗向下沉降到地下；一開始的黑光是一大片，然後愈變來窄，一直到所有的黑光都被收攝到一個如針的小點，接著這個小點向下沉降，一直沉降到地裡。當吸氣時，觀想你的氣息是黑光，而你的全身充滿著黑暗，這便能剷除散亂。

我們必須依賴這些對治法，一直練習至問題獲得解決為止。它並沒有一個固定的修持長度，如：要做多長時間，或是數多少次的呼吸。有需要就運用對治，直至昏沉或散亂被祛除為止。但如果你發現昏沉或是散亂太強，無論自己運用什麼對治，也無法破除它時，

你就應該停下來，做點其他的事情。這是因為，如果你繼續在昏沉或散亂的狀態下進行修持，你只會讓昏沉或散亂變成自己的習氣。所以，這個時候你應該休息一下，做一些體力方面的工作，或是做一些能夠有助於斷除它的事情。

同時，非常重要的是，你必須堅持自己修持的時間長度，無論它有多長。例如，如果你每天修持止的禪修一個小時，並且下定決心在那一個小時當中，除了止的禪修之外，其他任何事情都不做，那麼在禪修的時間結束之前，你就不應該亂動，即使這個地方著火了，也不能動。有這樣的決心很重要，要這樣想：「這一個小時就是修持止的禪修，我不會去想任何其他的事情。我不會去想我的責任、其他的活動、之前要做的事、之後要做的事，或其他的事。」這種決心便形成了實際生起平靜的基礎，因此在此會有極大的助益。

如果你有這種決心，那麼你的心在修持的時間內就能自然安住，而禪修的障礙也就不那麼容易生起。若是決心不夠強，例如你在上座禪修前這麼想：「噢，可能我會禪修個一個小時。如果我覺得不舒服時，我就下座去做點別的事情好了。」這樣的話，會使得你下座去做其他事情的內在或外在的情境，就會自然發生，這樣就對你的禪修不會有太多的助益。

這即是止的禪修的內容。

問答集

【問　題】如果處於正確的禪修姿勢中，身體快要崩潰了，但是心卻還是想要繼續禪修，這個時候是否可以換成坐到一個能夠正確支撐身體的椅子上呢？

【翻譯喇嘛耶些】你所謂的「崩潰」是什麼意思？

【問　題】疼痛。

【仁波切】通常這代表你還不習慣於修持，這種情況下你只需對它習慣。有些時候，人們因為某些特定的疾病，或身體上特定的殘障，而無法做出某些這樣或那樣的正確姿勢，這時，他們是可以省略他們肢體上無法辦到的部分，然後盡力而為。但若你的身體沒有問題，而且你有辦法做到這樣的姿勢，只是感到不舒服罷了，那麼你就要慢慢去習慣它。方法便是進行短時間、多次數的修持。這樣，逐漸、慢慢地，你的身體適應了，你也就能夠延長修持的時間。

【問　題】在西方文化，當我們開始修持禪修時，我們會對自己非常嚴厲，然後我們會分別生起的念頭是好、是壞。我在想這個消弭判斷的自然過程是怎麼發生的。

【仁波切】我們只要回到呼吸上就可以了。其實並沒有什麼方法可以對治對念頭的分別心。主要是我們對善念和惡念有所希求與焦慮，而自己希求與焦慮產生的分別只是一種念頭：它只是念頭的一部分，並非與念頭分開而必須特別處理的東西。

當止的禪修開始穩定時，我們的念頭開始變得更透明，然後對

念頭的分別、希冀和焦慮也開始變得更透明。這就像是我之前所說的。當止的禪修穩定時，跟以前比起來，我們對苦樂的情境比較不動心。這是因為在我們的心中，有了一個穩定的平靜、自在，也就是說我們比較不依賴於外在的情況。因此，同樣地，當我們修持久了，我們也不需要去阻止念頭，或是阻止對念頭的分別，因為我們不需要去排除經驗，我們自然的平靜就會讓我們對分別的誘惑愈來愈無動於衷。

【問　題】禪修時，什麼是眼皮的正確姿勢？應該要半閉、全閉，或是張開？它們分別具有什麼樣的利益？

【仁波切】我不知道不同程度眼皮的張開或閉合的細節利益。但對初學者來說，的確很容易受到視覺感受的影響，以至於無法將自心安住在某一個對境上，這個時候將眼睛閉上是可以的。尤其如果是在兩種過患中，我們特別容易受到散亂的影響，在將散亂祛除之前，禪修時閉上眼睛絕對會比較好。否則，通常來說，最好是讓眼睛有其自然程度的閉合。禪修時，我覺得通常眼睛是半開半闔的，但是它不是刻意造作下的產物，所以我們也不需要試著調整眼皮，讓它準確地就是半開半闔。當然了，我們這裡所討論的是「止的禪修」。當我們進行「觀的禪修」（毗婆奢那）時，就完全不一樣了，它是有關於眼睛的特定要求的。

【問　題】我在禪修時，通常會體驗到身體上有很強的覺受，而且它似乎跟我專注的能力有關，當我的專注力消減時，這些身體上的覺受也跟著消退了。這跟昏沉或散亂有關嗎？這種體驗還算合理嗎？

【仁波切】你指的是什麼樣的覺受？

【問　題】就只是很多的能量。通常，感覺好像我在往上提，由我的腳開始向上提。

【翻譯喇嘛耶些】你是說像是一種動態運動的覺受嗎？

【問　題】有點像是這樣。它比較像是一種被往上提的感覺，並且失去了身體上的感覺。

【仁波切】事實上，它不會造成任何差別。這可能表示你有些分心了，所以它本身不是什麼特別殊勝的經驗，但也不是什麼問題。無論生起什麼樣的經驗，就只是回到呼吸上就可以了。禪修時可能會生起許多種類似的體驗，當其中的任何一種覺受生起時，就只是回到你所運用的禪修技巧即可，不要跟它有所牽扯，應該勿喜、勿懼，也不要受到它的任何脅迫。如果你不跟它們糾纏，而只是回到所運用的禪修技巧的話，那麼這些經驗就可能有用。另一方面來說，如果你跟它們糾纏在一起，那麼這些經驗就會是個大問題。

【問　題】我們是否應該要先達到第三世噶瑪巴所描述的止的禪修狀態後，才嘗試進行任何其他的修持，如觀想等？

【仁波切】我想這個問題的答案，可能採用邱陽創巴仁波切（Chögyam Trungpa Rinpoche）的方式來回答，最有效益。因為創巴仁波切發現，人們在對佛法還未真的生起任何確信時，就開始修法，對佛法的信心仍然猶疑不定時，很容易便會因為任何一點快樂，或是眼睛看到的事物而分心，所以不可能去修持基本的加行、觀想，或是其他任何的修法。對這樣的人而言──其實基本上也是這裡大多數人的情況，最好在一開始先長期練習止的禪修。藉由止的禪修，我們的心開始平靜下

來。一旦心安定後，我們才能夠真正瞭解佛法，對佛法生起確信。之後，我們就可以進行其他的修持。

雖然這並非是在西藏境內的做法，然而這裡（美國）的情況的確有些不同。在西藏，由於文化背景與成長環境的不同，藏人在接觸到基礎加行——「轉心四思維」（人身難得、生死無常、因果不虛、輪迴過患）時，光是思維這樣內容，便會在內心感到強烈的悲傷。這種悲傷能讓他們的心靜下來，對佛法生起確信。之後，帶著這樣的確信，他們就可以開始進行四不共加行的修持。他們只有在完成四不共加行後，才能夠開始止的禪修。在對止的禪修有些心得之後，他們才會被指出心性，並且只有在這個時候，才能開始觀的禪修。但在這裡（美國），一開始便進行止的禪修似乎是最好的。

【問　題】我們專注在禪修對境時，其意圖是要不專注在任何東西上，還是這個所緣的對境？

【仁波切】將心安住在一個對境或是技巧上，其目的與效應是平息、消滅念頭。止的禪修的成果，便是讓我們將心專注於一個善念或善行——即熟稔了止的禪修之後，所做的修持。

【問　題】關於禪修的姿勢，特別是今天所示範的姿勢，請問手臂是伸直、還是放鬆的？還有手的姿勢，大拇指放在無名指的根部，而其他手指將它包起來，請問是要抓得緊緊的呢？還是不用？

【仁波切】這兩個問題的回答是一樣的：手臂伸直，不緊繃；其他手指將大拇指包起來，但不抓緊，它不是一個緊握的拳頭。重點不是將肌肉拉緊，而是要將姿勢伸直，以方便覺性的培養。

【問　題】您在談到平靜的狀態中時，不會感受到極端的情緒，我聽起來它很像是「無記」（neutral）的狀態，不知您是否能夠加以解釋。

【仁波切】實際上，此平靜、安定的程度，並非是一般人所說的「無記」的虛無狀態。它們之間的差別，在於前者帶著一種無可動搖的確信。意思說，我們不會受到外在情境的控制或動搖，而這種狀態可一點也不「無記」。當我們談到「無記」時，這裡通常指的是不記得，或想起任何事情的一種沒有感覺的狀態；並且由於沒有辦法覺知到任何事情，所以也就沒有什麼干擾，這跟禪定狀態不一樣。無記通常被用來指稱兩種不一樣的事情。一種是行為上的無記，對自己或他人都沒有利益或傷害。另一種是感覺上的無記，是一種沒有感覺的狀態。後者可能會跟禪修的平靜混淆在一起，但它們是不同的。無記是沒有感覺，沒有覺知到正在發生的事情，而禪定是非常精準地覺知到每一件事情，但卻沒有什麼事情是大不了的。

【問　題】兩股收合的目的是為了提起下風（lower wind）。請問提起下風的目的為何？

【仁波切】提起下風能夠讓我們經驗到溫熱、煖相、舒坦、大樂等，有助於心的平靜。

【問　題】我接著的一個問題是，如此獲得的大樂難道不會是一個陷阱嗎？

【仁波切】如果你還是持續地進行修持，或是遵循著禪修的技巧，如專注於自己的呼吸上的話，就不會真的有執著於這些覺受的危

險。但是如果你將注意力放到了溫熱、舒坦的覺受上的話，那就可能是個問題，但是這個問題不會比將注意力放在其他任何的覺受來得嚴重。

【問　題】請問如何戰勝強烈的嗜睡？

【仁波切】讓別人在你身上潑水就得了！（眾笑）

在禪修時，有以下三種情況會很想睡覺：第一種情況是，在很努力的工作後，身體疲累。第二種是飲食過度，所有的能量都被用來消化食物。第三種是禪修時的溫度太高。基本上，對治法是將視線上提，收緊自己的禪修姿勢。

【問　題】收緊身體？

【仁波切】這種情況下，我們的確要將身體收緊一點，因為通常來說，我們是藉由正念來維持姿勢的嚴格性，並非真正將身體緊繃起來，例如我們不會將我們的關節緊縮起來。但這裡為了要驅除貪眠，我們真的需要有幾秒鐘向上看並且收緊身體。

【問　題】我聽說輕度的憂鬱導致嗜睡。不知您是否同意這樣的說法？

【仁波切】這不無可能。但它必定只是某種程度的憂鬱──非常輕微的憂鬱，像是一種「膽怯的憂鬱」。因為若是真的憂鬱，就會痛苦得無法入眠。

【問　題】邱陽創巴仁波切通常教的方法，是將注意力放在呼氣上，而不是呼氣和吸氣二者。但今天早上您提到前者有讓初學者更

容易分心的危險。您是否能夠談談這兩種不同方法的相對利益？

【仁波切】邱陽創巴仁波切一開始教大家將注意力放在呼氣上，是因為剛開始大部分的學生已經有了一些印度傳統的修持經驗。在印度傳統的修持中，大部分修持止的方法，是向內觀身體的內部，然後定住於內。從佛教的觀點來說，定住於內和禪定的大樂會是修持觀的禪修的障礙。為了讓大家消融那樣的經驗，並且超越那樣的禪定，邱陽創巴仁波切於是傳授以呼氣來消融。這是因為如果我們只是維持一種收攝入自己身體中的禪定，充其量只會將我們帶到無色界的境地，無法將它轉化為任何種類的觀的禪修。因此，真的，邱陽創巴仁波切是為了那些已經有些禪修經驗的人而傳授這個方法。邱陽創巴仁波切大部分早期的弟子是這麼做的，因為他們有特別的需求，這就是當時的情況。

止的禪修利益

當開展出止的禪定時，我們的心就能夠隨遇而安。

止的禪修是其他修持的基礎

正如之前所言，如果我們修持止的禪修，並且有所成就，那麼
就能夠將我們的覺知與注意力，放在任何我們所要進行的修
持上。由於我們已經獲得了在任何事物上專注一心的能力，因此無
論在何時進行何法的修持，我們都不會散亂分心。不管我們修的是
什麼法，我們都能修持並且獲得成就。特別是，止的禪修的正確修
持，能夠幫助我們打開觀的禪修的大門，因為止的禪修帶來心的自
然穩定，能夠強化我們心自然的清明。這能夠讓我們體驗到自身的
智性，以及自然的洞見。

有些人誤解止的禪修是一開始才需要修習的，之後就不再需要了，
然後將止的禪修，以及止的禪定，棄置腦後。這絕對是不正確的。

實際上，止的禪修是所有法乘、法門的良伴，沒有止的禪修，無一修法能夠成功。例如在大乘佛法中，有不同的關於慈心和悲心經驗的三摩地、禪定，雖然這些禪定絕對是慈悲的經驗，但它們的確是不同形式的止的禪修，可以說是慈心的止的禪修、悲心的止的禪修。在金剛乘中，當然會有生起次第的修持，但它們也都是止的禪修的運用，其實都是止的禪修的展現，而並不是能夠取代止的禪修的另一種修持。

要點是：無論我們做什麼樣的修持，我們的心必須要能夠安住在該修持的技巧或架構上，而心的任何安住都涵蓋且依賴止的禪修。所以，能夠讓我們成就所有不同法乘、階段的修持的，即是止的禪修。

但是，如果認為止的禪修本身就足夠了的話，這也是不正確的。光靠止的禪修是無法成佛的，事實上，這也是所謂的超世間和世間法之間的差別。世間法（或是世俗法），只是止的禪修的修持，且不過是愈來愈精益求精罷了，超世間法必須超越它。大家可能會覺得奇怪，我在盛讚止的禪修的好處後，卻又接著說，光修止的禪修是不夠的。止的禪修的效用在於抑止、消滅我們的煩惱，好讓我們能夠進行其他的修法。止的禪修能夠排除煩惱，但是無法根除煩惱。光靠止的禪修，是無法將煩惱從根拔起，因此，止的禪修本身無法帶領我們抵達證悟。

雖然我說過止的禪修必須成熟為觀的禪修，但是這也不盡然會完全自動發生。因為唯有在去除對認出心性的障礙時，真正的洞見才能夠出現，所以止的禪修是不會莫名其妙地，就轉變成為觀的禪修。而障礙的去除，唯有藉由福德與智慧的累積。如果不是這樣的話，

那就沒有必要去做這些修持，以累積資糧、消除障礙，好讓我們能夠洞見究竟的本質。那麼我們光修止的禪修就好了，何必這麼麻煩地進行各式各樣的儀軌修法。

因此，我們有必要依靠一個運用止的禪修的法門，來積聚福慧二資糧，並以此生起智慧，而能夠洞見經驗的究竟本質。而當我們談到初學者修持觀的禪修時，我們其實說的有點像是分析式的觀的禪修（concordant vipasyana），也就是一種類似於真正觀的禪修的修持。但事實上，除非我們積聚了大量的資糧，並且去除了很多的障礙，否則我們是無法真正修持觀的禪修的。

止的禪修的效益

我已經解釋過了止的禪修為一切修法的必要良伴與支柱，同時我也簡單地說明了它與觀的禪修之間的關係。這些是從佛法的觀點，來看止的禪修的利益。其實，止的禪修也具備現在就經驗到的立即效益。一般來說，我們很多的痛苦，其實來自於我們對情境的立即反應。基本上，可以說我們缺乏忍辱、堅毅，並且沒有太大的勇氣。如我之前所言，穩定的止的禪定，會讓我們的心平靜下來，然後我們會開始變得比較快樂。我們所經驗到的快樂與平靜，並不真的取決於外在的情境。止的禪修讓我們減少很多的煩惱，變得比較不容易受到自己遭遇的影響。如果念頭不會影響我們，那麼念頭之一的恐懼也奈何不了我們，所以我們的恐懼會少很多。這也就是說，即使處於通常會讓我們生起焦慮的情境，我們也不會受到干擾，我們會更容易去面對它們。

止的禪修還有另一個效益，通常我們做事情時，總會犯很多的錯誤。所有我們犯的錯誤來自於散亂，沒有好好將注意力放在手上正在做的事情上。而止的禪修的本質就是讓我們專心，一心專注於當下正在做的事情，無論是佛法的修持也好，或是我們正在積極進行的工作或活動。因此，當我們持續練習止的禪修後，會發現自己所犯的錯誤大為減少。

另外，當我們的心更平靜、快樂時，我們會變得更容易與人相處，容易跟周遭的人相處，容易跟他人生活在一起，也容易有好的婚姻生活。此外，我們開始會變得容易受信任，因為我們的性情比以前平穩，也就是說，別人更容易知道我們下一步會怎麼做。我們不再那麼狂野、無法預測，因此，別人會開始對我們有信心。之所以會有這樣的效益，如我之前所說，是因為止的禪修的作用之一是消滅煩惱。這是我們能夠確實體驗到的，我們不再像以前那樣生氣、小心眼。這不但讓我們快樂，也能夠讓他人快樂。

簡言之，我們可以這麼說，止的禪修的修行者，跟非止的禪修的修行者，他們之間的差異就好像是立方體和圓球的不同。也就是說，止的禪修的修行者不會那麼容易受「滾動」；意思是當我們開展出止的禪定時，我們的心能夠隨遇而安，不會受到環境當中每個微小變動的牽制，不會因為一個小小的變化，就受到大大的打擊。而非止的禪修的修行者，不具有這樣的穩定性，他們就像是一個圓球，無法安定在一處。一件小小的事情，就會將他們往任何方向推。通常環境中的一個非常微小的變化，就會讓這樣的人完全抓狂，因為一個小小的改變，會讓他們生起一個念頭，然後這個念頭就像滾雪球般地，最後變成一個相當可觀的困擾。從佛法的觀點，甚至從世間的觀點來看，他們什麼事情也成辦不了。他們非常容易受到影

響，而止的禪修能夠將這個問題斷除。

持續練習，逐步培養

因此，大家要繼續練習止的禪修，直至你的心變得完全平穩。如果你因為獲得短暫的平靜或穩定後，就中止了你的修持，那麼這平靜也會很快地消逝，你之前的焦慮又會重新生起，你又會回到在修持止的禪修之前的狀態。所以，很重要的是要持續的修持，而有規律的修持也很重要。這就好像是我們吃東西一樣，如果我們只是有一頓沒一頓地吃些東西，中間可能有很長的間隔，之前吃的食物被消耗殆盡，卻又沒有新的食物進來。這個時候，我們的身體開始衰竭，甚至可能會死亡。修持止的禪修也是如此：我們必須藉由正式座上的禪修，來穩定地補給平靜，讓我們的心保持安定，並且滋養止的禪定的逐步開展。

當你止的禪修的程度，到達了你能夠任意將注意力放在任何意樂的善的事物上時，那麼之前所討論的止的禪修的姿勢，以及將注意力放在呼吸上等，就非必要。如果你能夠專注一心於任何你所採用的技巧，或是任何你做的修法，那麼就讓你的注意力放在那個上面。你之所以能夠這麼做的徵兆就是，當你在修法時，不會被念頭打斷。反之，無論你修的是什麼樣的法，如果修法經常因念頭而分心，無法保持如法的觀修的話，那麼你就可能必須回到呼吸的練習上。這裡的要點是，當我們藉由基本的止的禪修而獲得心的穩定後，由於你一直持守著對平靜的逐步培養，所以任何你所進行的修法中，都涵蓋著對止的禪修的持續培養。

在這裡，以我能想到一個真實的故事，來說明此點。我有一個學生，名字叫做蔣扎（Jamdrak），他在閉關一開始做的是一部儀軌中，生起次第的修持。他發現，雖然自己能夠唸誦並且瞭解儀軌的每項內容，但就是無法觀想出任何東西，因為他的心無法定住。所以，我建議他先做三個月的止的禪修。在這裡，他三個月止的禪修，有別於我們做的止的禪修，因為他的止的禪修，是一天修持十八個小時。無論如何，他做了三個月的止的禪修，最後發現他能夠隨心所欲地控制自己的心，他能夠在任意長短的時間內，保持住任何的觀想。從此以後，他在做更高深的修法時，便能夠有所成就。我認為他能夠順利進行修法的原因，歸功於他的在止的禪修上的訓練。

這裡簡單介紹了止的禪修的出世間和世間的利益。

問答集

【問　題】您稍早有提到在修持止的禪修之後,我們可能會被授予心性的指引,接著可以開始更深入的修持。是否請您簡單地解釋一下?

【仁波切】指引、指出心性的藏文為「溫珠」(ngötrö)。「溫」是臉的意思,「珠」是指出、引介。所以「溫珠」就是一個喇嘛拿著一面鏡子,讓你看看自己的臉。

【翻譯喇嘛耶些】仁波切說,這是開玩笑的。我必須把它翻譯出來(眾笑)。

【仁波切】它真正的意思是,我們每一個人都具有如心的精髓之果位的究竟智慧與功德。由於這些一直都在那兒,所以我們稱之為「俱生的智慧」。我們具備這個,過去一直都有,將來也是一樣。正如我之前所說的,我們也具備煩惱和習氣、不好的習氣。這些煩惱和惡習讓我們無法認出我們真正的身分、我們真正擁有的東西。所以,修道在於剷除這些障住我們俱生本智的覆障。為了達到這樣的目的,我們必須提升自己、累積功德,一點一滴地,盡可能將這些障礙去除,讓我們能夠逐漸認出這些本俱的功德,我們當然也需要有能夠讓自己修持這種種技巧的止的禪修。

藉由功德與智慧的累積,以及透過穩定的止的禪修,到了某種程度時,我們的覆障開始出現裂痕、空隙,讓上師有可能為我們指出這個本俱的智慧,有如在人群當中以手指去指出一個人一樣。這就是藏文使用「溫珠」的原因,它字面的意思就是引介,就像是將一個人介紹給另一個人一樣。但我們

不一定會在受引介的當下，藉著上師的一句話，或一個手勢，就能馬上完全認出本俱的智慧。而它確實能讓我們獲得的是一種確信，確信自身真的具備這個無始無終的本俱智慧。

認出本俱的智慧讓我們深信，如果我們能夠超越煩惱與習氣，那麼就有可能獲得果位。這就好像是我們要去國外某個神奇的國家，如果在去之前，能夠對這個國家有個驚鴻一瞥，我們就能確定這個國家的確存在、這個國家大概的樣子，還有要去這個國家的方向。這樣，我們就會知道，如果一步步地走在通往這個國家的路上，我們就能夠抵達目的地。同樣地，這個引介、傳遞的真正作用，便是讓我們對自己要去的地方，有個大致的概念，它是走在修行道上的究竟鼓舞。這就是這種引介、傳遞發生的方式，但是我並不知道它真正的內容。

【問　題】對轉心四思維進行禪修，是否能夠成為止的禪修的所緣？還是初學者就只要練習止的禪修？

【仁波切】我認為這取決於個人。某些人，甚至初學者，可能絕對相信學佛的好處，相信學佛能夠帶來某些功德和某些成就的事實，並且絕對相信不學佛的過患。此外，這個人可能發現禪修和觀修轉心四思維，可以促進並加深對修法的信心和瞭解。如果這個人能夠將自心安住於這些思維架構當中，那麼由這些先下手，之後再做四不共加行的修持，我認為這是可以的。但當有人問我：「我可以開始修四不共加行嗎？」、「您是否會傳授四不共加行給初學者呢？」，我並沒有一個通則，因為這真的是取決於特定對象的需求。

例如，如果有人其實真的不知道什麼是佛法，不瞭解佛法的

宗旨，在接觸到輪迴的過患、無常，特別是因果業力等概念時，覺得這些簡直就是荒誕無稽，並且在思維這些觀念時，內心無法生起任何由衷的悲傷與出離，有的只是對佛法的藐視與乏力感的話，我認為這種人就應該先從止的禪修下手。因為如果某人一開始對佛法沒有信心，但願意如法地去修持止的禪修，那麼這個人從止的禪修所獲得的體驗，會讓他絕對相信修行的必要。因此，我覺得這對每一個人的答案都不一樣。

【問　題】仁波切，您是否能夠多談一些止的禪修跟修大乘菩提心的關係？菩提心的修持又如何跟觀的禪修有關？

【仁波切】如宗喀巴大師所說的：

> 止的禪修是心的一種狀態：心不動如山王，
> 能夠安住在任何自身所選擇的良善對境，
> 並且能夠完全自主地進入到對境當中。

當然了，就大乘而言，主要的功德便是菩提心的生起。因此，為了生起菩提心並增長菩提心，止的禪修絕對必要、絕對有益。能夠讓我們實際地經歷那個過程的，便是菩提心。

至於菩提心的開展和觀的禪修之間的關係，實際上來說，我們所修持的菩提心其實就是悲心，而觀的禪修即是洞見，此二者關係密切。若沒有受到菩提心的軟化，我們無法真正獲得圓滿的洞見；若沒有洞見，我們無法真正具備圓滿的悲心。原因是菩提心如勇士般的承諾——亦即發願承擔一切眾生的痛苦，並盡一切努力去解脫所有眾生，有賴於我執的斷除、有「我」謬見的去除。只要我們仍然陷在物質主義中，

只要我們還陷在我執當中，我們是不可能做出這樣的承諾的，這樣的承諾會讓我們感到恐懼。當然了，能夠讓我們超越我執和物質主義的，唯有洞見。因此，菩提心的確非常有賴於觀的禪修，而觀的禪修也多少有賴於菩提心。

【問　題】我還有一個問題。我們說在進行高階的修持之前，止的禪修有其必要性，那麼授予初學者高階的密續灌頂的目的是什麼？這些是否只能算是加持？還是我們應該避免接受這些灌頂？

【仁波切】灌頂有兩種，但不是說儀軌有所不同，而指的是接受灌頂的學生有兩類。我們可以說灌頂有「加持灌頂」，以及所謂的「究竟（或實際的）灌頂」。當正在接受灌頂的人，完全瞭解正在進行的儀式，並且該灌頂的功德也真的傳遞到這個人的身上，而在灌頂的過程中，也激發了某種的證悟，那麼這種灌頂就是所謂的「究竟（或實際的）灌頂」。另一方面來說，如果這個人只是對傳法的上師有信心、對傳法的儀軌有信心，這樣藉著信心來接受這個灌頂，例如當某種物品碰觸到這個人的頭時，這個人有受到加持的覺受，像這樣的灌頂，我們便可以稱之為是一種「加持」。接受這種加持的作用在於，種下未來修持所受灌頂法的一顆種子，並且在此人身上種下未來解脫的種子。

我認為初學者接受來自於偉大、具格上師的灌頂，是相當合宜的。因為在這個過程中，以真正的信任和信心來接受灌頂，能夠讓弟子和上師結下很深的緣份。之後在未來，它就能夠成熟，最後讓弟子獲得證悟。因此，我覺得這真的很有幫助。但若是在接受灌頂之後，隔天就對上師產生邪見的話，這就不好了，這是我們需要去避免的。因此，在接受灌頂前，你必須確認自己會持續地對這位上師有信任和信心，且你不會反悔。再者，接受不同上師的灌頂也沒有問題，只

【第四小節】止的禪修利益

145

要你瞭解到他們的本質是一致的。這代表著你持續地跟著一位上師修學，並且視你所有其他上師的本質，跟這位是一樣的，這樣你的三昧耶戒就不會出問題。

【問　題】弟子是否應該試著從一位上師處獲得所有的灌頂呢？或者至少有一位根本或主要的上師？

【仁波切】是的。最好是你在接受其他上師的灌頂前，能夠徵求你主要上師的同意，或至少獲得主要上師的認可。

【問　題】分析式的觀禪和實際的觀的禪修的區別為何？

【仁波切】分析式的觀禪是一種概念，認為萬法的本質是純然、遠離造作的。正宗的觀的禪修來自實際修行的體驗，超越思維概念之心。因此，我們無法對它有任何的解釋。

【問　題】這兩種觀的禪修的藏文為何？

【翻譯喇嘛耶些】它們的藏文分別為「結敦巴」（jetunpa）和「森意巴」（tsenyipa）。

【第三堂課】

愛的練習課：四無量心

| 第一小節 |

慈

內心裡，有著一切眾生。

我們每一個人無一例外都有體驗證悟之心的潛能，並且我們每一個人都有各種習氣的覆障。這些各式各樣的覆障，是我們自己造作出來的，它們是痛苦的原因。因此，藉由對自身的潛能和瑕疵的瞭解，我們需要去理清自身的覆障、困惑，並運用方便善巧，以將自己的潛能發揮出來。

為了獲得成效，我們的認知、方法，以及我們的應用必須是合宜且如法的。在試著去瞭解正確的方法時，我們必須帶著正確的態度和動機。對於能夠在自己的身上體驗到證悟之心的可能性，我們應該有著真誠的興趣，並感到珍惜。由於一切眾生皆有證悟的可能，我們應希冀與其他人分享對此真理的瞭解，讓其他人的人生得以受益。希望利益他人的誠摯動機，是我們學佛的一項重要基礎。

這裡我們實際要討論與運用的修持方法是「四無量心」，藏文稱之為「側昧」（tseg mé），其中「側」的意思是「界限」，而「昧」意思是「沒有」，所以合起來的意思是「沒有界限」，或是「超乎測量」、「無量」。在進入此「無量」的層面之前，我們必須先瞭解需要認證並運用的修持方法為何，這點非常重要：此四項修持為「慈」、「悲」、「喜」、「捨」。這每一個名相是什麼意思？而我們又如何修持它呢？

慈心

第一項修持是「慈」，梵文是「梅紀」（maitri），藏文為「蔣巴」（jampa）。我們都有慈心的特質，我們的心中都具備慈心。這是什麼意思呢？佛法中，慈心指的是對他人福祉的一種敏感度。我們都具備它。我們每一個人，作為一個個體，我們都希望感覺安好，希望感到身體健康，精神安泰。我們都會去關心什麼是對自己好的、什麼是對自己健康的，這即是「慈心」，具有某種溫暖、關懷的能力。我們不僅對自己如此，對他人也是一樣。我們真誠地關懷某些人身心的健康幸福，例如我們的家人、兒女、父母、親戚、朋友、同事，以及夥伴。我們會對他們的福祉有某種關心，而不只是對自己的福祉關心而已，這就是「慈心」——具備關懷自他福祉的一種能力。

慈心的扭曲

現在我們瞭解了「慈心」的意思，並且認識到我們都有慈心。但

是，我們並沒有好好地去培養這些潛能，反而濫用它們。我們對它們的扭曲濫用，形成了各式各樣的痛苦與折磨，將我們溫暖和慈心的潛在經驗障礙住，讓它無法適當地開展。這裡我們談論的，並不是開展某種我們不具備的東西。這種開展的潛力，其實已經在那裡了。因為我執，使得如此完善的潛力受到濫用，令內心如此健全的功德受到我執的染污。而當慈心受到我執的濫用時，便會變得扭曲、不恰當。

我們知道一切眾生無一例外地，同樣渴求身體與心理的幸福，或者至少對人類是如此。但是，我們關心的，只是某個特定圈圈內的人的身心幸福，而圈內的這些人是具有某些特別條件的：我們對他們福祉的關心，比較和我們跟他們的私人關係有關——我們會說「我的」父母、「我的」兒女、「我的」伴侶、「我的」親戚。我們說「我的」，因為他們對「我」而言是如此。我們必須好好地審查此事。我們必須承認，自己並不會因他人本身的利益，而去對他人的福祉特別關心；我們對他人福祉感到關心，乃是因為他人跟我們的關係。因此，這種關心非常容易動搖且靠不住。我們之所以立足於這個非常值得懷疑、容易動搖的基礎上，是因背後的動機並非源於真誠的慈心。它雖然是慈心的一種，但是卻是嚴重受到「我的」的想法所扭曲的慈心。

基於我執的慈心

這對我們可能顯而易見，但我們仍需要近距離地檢視它，這樣才有可能開始引入必要的改變。當我們因「我的」而去關心他人的福祉

時，我們便是在劃地自限，便是在培養出一種非常固定且僵化的界限感。由於有「我的」這個概念，明顯地，那些在我們的地盤之外的其他人，不會受到我們的歡迎，這就是有所執著、貪執。而當有執著和貪執時，就自動會對那些「外人」，或是非「我」、不是「我的」，產生瞋恨。當這樣地去審視後，我們的慈心就變得愈來愈值得懷疑。對於那些在我們的地盤之外的人，我們會生起瞋恨，並且顯然會產生嫉妒心。我們會很明白地表現出對圈外人的福祉不那麼地關心。因此，當這些外人獲得幸福、財富，或健康時，我們就會煩惱、不快，那麼我們慈心的真相就會變得可疑。究竟我們的慈心是基於我執，還是來自我們的真心？如果是基於我執，那麼我們便是以對他人的慈心為名，而去散佈嫉妒與瞋恨。當然，這種的慈心的品質，有非常嚴重的問題。

我們可能會關心這些我們所選擇的圈內的人，但是我們真的是為了他們自身的利益而去關心他們嗎？這值得懷疑。特別是那些跟我們很親近的人，我們對他們福祉的關心，是基於他們是我們的什麼人而有的某種絕對的期許。我們期望他們以某種方式，來對待我們，覺得他們應該以我們對待他們的方式來對待自己，好比是讓我是可以如此繼續生活下去，並因他們的安康而受益。

這些親近的人能夠信任我們的慈心嗎？不行。這就是問題的根本所在，答案是「不行」。因為我們聲稱自己愛護關心他們，但當他們無法維持在我們心中的形象時，我們便會對他們生起仇恨。當他們做出某件可疑的事情時，我們對他們的慈心也同樣變得可疑。所以，基本上我們要他們為我們做些事情，而不是真的關心他們自身的福祉，我們對他們的幸福並不真的感興趣。如果我們真的關心他

們的福祉，我們慈心就會是由衷且真誠的。在這種情況下，為什麼我們對他們的心意會有所轉變？為什麼我們會對他們生起憤怒、仇恨，以及怨懟？為什麼我們會做出傷害他們的事情呢？這是因為我們的慈心是基於自私的心。

我們對他人的關心便是以這樣的方式，受到自私的扭曲，而這是基本的問題所在。這也就是為什麼即使我們有慈心，卻產生不了利益；因為它受到了誤用。雖然我們有慈心的潛能，並且我們也運用了心的這項功德特質，但是在受自利驅使的我執的同流合污下，才去這麼做的。這與不因自利而真誠地關心他人的福祉有別，因此，我們的慈心無法利益到他人。我們人生的實際情況就是最好的例子，因為我們一直以來，就是帶著這個基於自利的、扭曲的、偏邪的慈心。因此，我們須認識到必須開始培養如法的慈心，亦即我們必須如法地開展潛在的慈心。如法開展慈心的方法，便是變得愈來愈不自私、愈來愈不為自利著想。

對眾生由衷的關心

如我們所討論的，一切眾生跟我們一樣，同樣渴求身體健康、精神和諧平靜。正如我們自身想要這些東西，其他一切眾生也是如此，無論是我們的朋友、敵人、家人、其他種類的動物、老百姓，或是任何的生靈，大家都是這樣。基於這樣的理解，我們應該關心他人的福祉，並非因為他們是我們的朋友或家人，不是因為他們曾經對我們好，或將來可能會對我們好，而是因為他們跟我們同樣處於這個極為基本共通的處境，所以我們應該以慈心對待他們。如果我們接納了這樣的認識，我們怎麼會不受感動？我們如何不同樣因關注

其他眾生的福祉而感動？這並非基於任何先入為主的觀念、任何的偏見，而是基於眾生所經驗的實際情況。因此，對他人福祉真誠由衷的關心，即是正當的慈心。這即是其他眾生所渴求的幸福。

人們所進行的一切活動，包括有益的，以及基於困惑、妄想而有害與自我毀滅的行為等等，皆源於這種對幸福的渴求。甚至那些行為極具破壞性和自我毀滅的人，他們也是懷抱著事情將會不同，或是會獲得改善的念頭。像這樣，這些慈心的念頭和動機我們都有，而要有這樣的念頭一點都不難，只是我們強烈的自利和我執的習氣，讓我們對它們放不開，事實上這一點都不難。如果我們所談論的是在每個人想要獲得幫助時，自己的身體都能夠隨傳隨到的話，對能力有限的我們是困難的。能夠身體力行，無一例外地，為每一個人做這做那，這非常困難。但是具備一種態度或想法並不難，唯一的限制在於我們的心。然而心的本質不受阻礙，因此心沒有限制——除了自我的設限之外。

要生起一個念頭不難。如果你的念頭能夠容下一個眾生，那麼你甚至不需要費任何額外的力氣，就能夠將一切眾生，包容在你的這個念頭當中。想到一個眾生或是一切眾生，並不需要費什麼太大的力氣，重點是內心有著一切眾生的念頭。另一方面，如果我們想：「那麼我如何才能夠生起那樣的念頭？」，我們即是沉溺於我執的習氣當中。這絕對不能有任何的藉口，推托做不到是假的，任何時刻我們都具有生起這種念頭的自由，沒有人能夠推遲或阻止我們的心。從這個角度而言，我們沒有理由不生起這樣的念頭，而這個念頭即是慈心的態度。

嫉妒的自解脫

關心每一個人圓滿的幸福——亦即暫時、究竟、身體、物質、心靈上的幸福，這麼做的好處是什麼？帶著這樣的態度，我們的心就不會有嫉妒、羨慕的念頭，這即是有這種動機的智慧。如我們所討論的，從自利的角度而言，我們在關心他人的福祉時，會涉及各種各樣的習氣。通常我們在關懷他人的福祉時，只是一種基於我執的自利。因此，瞋恨、嫉妒等等，也會紛至沓來。但當我們能夠有真誠、慈心的念頭時，是不會有嫉妒的，而嫉妒的念頭即會解脫。為什麼會這樣呢？因為沒有了可嫉妒的對象。如果我們真心誠意地希望每一個人好——無論是世俗上、精神上、相對或絕對的幸福時，這就沒有可嫉妒的對象了。這個觀念雖然簡單，但卻非常深奧。

我們通常的做法是背道而馳，以至於完全無法貫徹這樣的道理。通常就算我們去除了一個嫉妒的對象之後，接著又會有一個新的可嫉妒的對象。不管我們到哪裡或多麼偏遠的地方，不管我們採取什麼樣的措施——關閉五根、閉上眼睛、捂住耳朵，還是甩不掉嫉妒與艷羨。除非我們真誠如理地關心他人的福祉，否則我們將無法從自我的牢獄耽溺當中逃脫出來。

當我們思維這樣的觀念時，應該不要這麼說：「哦，那可能是對的。」我們應該去思索：任何時刻，當我們真誠地關心每一個人的福祉時，即使是短暫的一剎那間，我們無法同時也有嫉妒的念頭。慈心的念頭本身，即是任何嫉妒念頭的自解脫。我們並非是先有一個慈心的念頭，然後再將嫉妒去除；或是我們先去除嫉妒，接著再生起一個慈心，以取代嫉妒念頭的位置。我們不是在討論物質上的東西，我們引介入自心的，是念頭的微妙差異。

我們人生經歷的大部分問題和痛苦，無論規模的大小、私人或人際間的，都是嫉妒的習氣所造成的。當心免於這樣的習氣時，難道不會令人感到極大的解脫和鼓舞嗎？因為自心深重的習氣，我們還是發現自己經常對這些習氣上癮，即使我們知道它們的殺傷力，並且想要從中解脫出來。但因為這些習氣是我們自無始以來就開始累積的，以至於我們相信它們就是自己的本性。由於我們與它們深刻的糾結，並且對它們深信不疑，因此我們必須先培養正確的瞭解，才能夠從中解脫出來。

雖然在一開始，我們並沒有免於習氣的體驗，得不到這種體驗的支持和啟發，但我們知道自己相對於此自由的立足點，並且對如何展開這個過程，有著清楚的觀念和瞭解。將自己從各種習氣中解脫出來的任何微小的努力、持續的嘗試，只要是基於正確的認知、觀念，以及方法的話，它都會聚積為某些確實、有益的效應。這種正確的認知，即是一次次地修持對一切眾生福祉的關心，並且看到免於習氣——特別是免於嫉妒——的智慧。我們進行這樣的修持，不只是因為有這樣的念頭很好，而是它有極為深奧究竟的利益。實踐這樣的認知，即是修心的開始。

自他的關連

大乘主流的修持方法，強調以「四無量心」修心的重要性。「四無量心」並非只是四個哲理，而必須與我們的生活相融。我們變得愈關心每一個人的福祉，它愈會變成我們由衷的體驗。這種體驗是開闊的源頭，它是如此地清新，以至於我們真的開始感受到自己與世界的關連，以及我們與每一個人的關連。當我們看見他人走來，感

受到他們所擁有的幸福時，我們的感覺是如此地歡欣鼓舞。由於我們對他人福祉的真誠關心，所以看到他人在任何程度或層次上的安好時，都會令我們感到非常歡喜。當我們旅行到其他的國家和城市，看見他們物質的繁榮，人與人之間的和諧與友誼時，我們對他人的友愛和關愛也會獲得增長，因為我們能夠領會他們的幸福。由於內心通常有的各種煩惱習氣已不存在了，所以對於他人的幸福，我們感覺到的是解脫，而不是忿恨，我們有的是真誠的關愛和友誼。再也沒有任何事情，比這個更令人輕鬆自在的了。再者，因為身心的互連，我們也會開始感到一種實際的空間感，而不是受困的阻隔感。

因為強烈、深刻的自私習氣，我們可能會認為，為他人著想會讓我們落單。這樣想的話，就非常地不明智。關心他人的福祉，是我們廣大利益的源頭。一直以來，我們就對自己的利益有著強烈的關注，但是它卻是令我們受害的淵源。基於這樣的理由，重複地訓練自心很重要。智性上的瞭解是不夠的，我們強勢的習氣會經常地向我們挑戰。在面對煩惱的習氣時，我們會遭遇到一些困難，但事實上，這些困難，即是我們需要投注大部分注意力之處，因為看似外在的問題，並不會比自己製造的問題嚴重。

四無量心修心訓練的第一項是慈心。大乘傳統中，我們透過不斷地重複四無量心願文中，與慈心有關的第一句來修持慈心：

　　　　願一切眾生具樂及樂因。

這同時指的是相對與絕對的福祉。「願一切眾生具樂」指的是暫時的福祉，無論眾生身處何處，或是正在經歷什麼樣的事情，我們都

希望他們快樂。「願一切眾生具樂因」指的是資糧的累積，以及樂因的產生，而快樂指的是免於迷惑和痛苦的自由。

三學的修持

在大乘佛法中，樂因被總結為「三學」的修持。第一項是「戒」，指正當的行為舉止，包括身體和語言上的善行，讓我們在身體和語言上能夠利益他人，並且有助於他人的福祉。接下來的兩項都跟心有關。第二項「定」，三摩地、禪定和專注的修持，藏文稱之為「停涅靜」（ting nge dzin），意思是「心堅定的自由」，指的是心無可毀壞的穩定，使得我們免於受到習氣所驅使的一切散亂。第三項是「慧」，智慧的修持。

有時此三學又被稱為「三戒律」（three disciplines）：身體和語言正當行儀的戒律、心之穩定的戒律，以及洞見與智慧的戒律。因此，修持此三學能夠累積並產生幸福和快樂的因，讓我們不僅在現在就可能體驗到幸福和快樂，並且在未來也會如此。

問答集

【問　題】如果在這個世界上我們無法以行動來實踐慈心，那麼在內心修持慈心是否就夠了呢？

【仁波切】不管我們是否能真的能自由地以身體和語言上的行為來利他，在任何情況下，以慈心來熏習自心都是很重要的。但我們必須認識到，大部分的時候，並不是我們沒有行善的自由，而是我們缺乏信念和信心來貫徹這樣的行為。

由於順緣的際會和我們證悟的潛能，我們獲得啟發而一時興起地產生了一些善念，並且我們也有意將這些善念付諸實踐。但當順緣改變為逆緣，或變成是不那麼順遂的因緣時，我們就不想面對這樣的情況。通常我們會有個人某種明顯或微妙的期望在當中，我們總想附加上某種個人的期望，想要得到回報，例如受到別人的感謝等。當別人沒有來感謝我們的時候，我們就不是特別想繼續生起慈心。當我們不再有慈心時，慈心當然也不會從行動中展現出來。

通常我們會自忖：「如果不能向外展現出來，那有什麼用呢？」但最重要的是，如果沒有好好地修心，我們不可能帶著確信和信心，傳達任何東西。我們只會靠著當下的狀況而衝動行事，而通常這樣是不會有太好的結果。所以答案是：是的，產生這種態度的本身即有益處，即便它僅僅只是一種態度而已。這是因為如果你持續有這樣的態度，它就能剷除逆向的動機或念頭。再者，好的行為起於經過適當調教的心。

【問　題】我想確認您是否說嫉妒是慈心的完全反面？

【仁波切】心不善的習氣會帶來更多不善的習氣，而心善的習氣會帶來
　　　　更多善的習氣。更確切地說，在所有的善念和修持當中，慈
　　　　心最能直接消滅嫉妒。如果我們有真誠的慈心，和對他人幸
　　　　福的由衷關心，那麼我們就會隨喜他們的幸福，這絕對是嫉
　　　　妒的對治。

【問　題】這是我們小組的討論報告。我對我們小組發生的事情有點訝
　　　　異，我期待在我們小組中看到的是，對您所講的慈心的一
　　　　種佐證，因為我們的小組將慈心表達得如此淋漓盡致（眾
　　　　笑），但這並非實際發生的事情。在小組中，不只一個人覺
　　　　得我們對新來的人有點不太友善。我們討論了很多如何對他
　　　　人伸出援手的想法，而大家都有一種感覺：那就是在某些情
　　　　況下，甚至就連某些基本的禮貌也做得不是很到位。大家覺
　　　　得在我們的修行團體中，對於新來的人表現地更友善、更包
　　　　容這點，我們能夠做的可能更多。大家討論地相當熱烈。與
　　　　別的小組相較之下，您是否覺得我們小組有點不太友善？

【仁波切】所有我去過的各種組織和不同的佛學中心，都有缺乏友善和
　　　　普通禮貌的問題。因此，這是一個通病。當我說它是個通病
　　　　時，並不是指它是每一個人都有的問題；它並非一個特殊的
　　　　問題，而是一個需要受到關注的問題，即使我沒有特別在開
　　　　示中討論到它。

　　　　今天上午的開示是基於具有擴展這些功德特質的能力。之所
　　　　以更專注於慈心而非其他無量心的討論，是因為我發現每個
　　　　地方個人與個人和個人與團體之間的互動，都有培養值得信
　　　　任的這項功德特質的需要。值得信任是人類極為重要、極為
　　　　有價值的財富。值得信任的功德特質是人類潛能的一種表
　　　　達。而正如我們先前所討論到的，值得信任的基礎是慈心，

這即是我強調這個主題的原因。依照西藏傳統所展示的佛法，具備將三乘要旨融合一處，並以大乘的動機和發心為中心思想的獨到特質；而其中，慈心最為重要，所以你無法規避它。

首先我們要為其他無量心建造一個基礎，一旦我們設立好了這個適當的軌道，我們就只要將其他無量心安置到這個軌道上即可。這是個非常容易且實際的方式。但如果我們在一開始沒有建立適當的基礎，那麼其他的無量心就無法完全展現它的合理性。雖然這幾年在修道的運用上，我一直強調大乘的主旨和態度，但在最好的情形下，我們卻是極度傾向於自我的解脫——亦即聲聞與緣覺的解脫。而我們身上最常見的情形，便是自我耽溺。雖然說慈心這個題目，你們很多人並不陌生，但在各位醒悟到它的重要性之前，這裡的強調有其必要。

只是知道如何討論慈心，或知道慈心的意思，最終還是不夠，真正的問題在於如何將它整合起來。無論我是對一個團體，或是跟一群個人交談，很明顯地，人們時時刻刻關心的，都是「我的修持」、「我的時間」、「我的這個」、「我的那個」這些事情。即使他們的談話帶著修行內容的優勢，但仍然是這個「我的」在作祟，而每一個人的福利、我們合作的修行團體、我們一起修行的道友、跟我們互動的人，以及我們如何成為啟發、鼓舞他人的泉源等，這些話題似乎從未出現。因此，我們有必要培養一顆真誠的慈心，而不是一顆表面的慈心，也不是只停留在知性上的慈心。

當我們具備真誠的友善、禮貌，以及慈心，那麼它就會自然而不費力地展現出來。你無須告訴自己：「哦！我應該這麼

做，應該表現出這個樣子。」因為經常縈繞在自己心頭上的，便是如何能夠利益到他人——如何令他人歡喜、如何啟發、幫助他人。一旦已經如此調整好了自己的心，當這已經是自己專注的焦點時，它就變成了我們想要尋求的事情。當我們真心誠意地尋求某個東西時，全世界似乎都充滿了這個東西。但在這之前，我們可能從來沒在任何地方看見過這個東西，從來就沒注意到這個東西的存在。之所以有這樣的差別，其癥結在於我們心態調整的好壞。因此，如果我們真的在意他人的福祉，那麼慈心就應該會經常在我們的心中出現。

我們必須不那麼地自我耽溺。從佛法的觀點而言，我們或許可以說「不那麼以自我的解脫為導向」，比較不那麼在乎個人的利益，而比較在意一般的僧團和大眾。就我們所討論到的，以及我們所自居的，雖然對外，我們行的是大乘的修行之道，但是將證悟之心融入我們的生活當中，才是一位真正大乘行者的標誌。若是缺乏這點，無論我們通達多少大乘佛法的哲理，都不足以稱之為大乘傳承的修行者。就成辦世間上的任何事情而言，好的公關技巧，以及對社會事務運作的瞭解，極為重要。就佛法上而言，這些不能只是虛情假意，而是必須是一種由衷的表現，而由衷的行為，唯有當我們的心受到調教後，才可能產生。我們所說的、所強調的已經夠多了。知識都在那兒，但我們已經開始將它有效地整合到生活當中了嗎？如果沒有，我們真的需要注意了。

【問　題】這是個關於當我們希望他人快樂時，自己有的期待。當他人不快樂時，我們會傷心。我們可能看見某人非常生氣，然後我們希望那個人不要那麼地生氣。但是，如果我們去跟那個人說：「你不需要那麼生氣。來，坐下來，看著自己的呼吸。」他

會一拳打在我們的鼻子上，說道：「你不瞭解！我真的很生氣。」打個比方吧！這就好像是他坐在一輛車子裡，往一條路上開去。而你知道這條路最後通往懸崖，他一定會墮入懸崖。你告訴他：「不要這樣。」但是他不會聽你的。你想去警告他，告訴他不需要這麼生氣、悲傷，或封閉。仁波切，您這麼說時，我覺得很合理，但是當我去跟這樣的人說時，他的回答便是：「你瘋了啊！你在講些什麼東西？」

這讓我很難過沮喪。我想幫助的可能是一個陌生人，而我們能夠幫助的人就是這麼多，況且大部分的時候人們是不會聽你的。就全球而言，我只是希望所有那些爭戰的人，能夠坐下來禪修一天，磨去一點自己的稜角，但是他們不會這麼做。如果你去跟他們講，他們就只會說：「你不懂。」對如何處理這樣的問題，我有太多的挫折感。很多的挫折感來自於悲心的感受。若不是我有這麼多的悲心，我就不會管他們的死活，如果他們要自毀，就讓他們去，但是我有慈心，我會心痛。我希望他們擁有和我禪修時同樣的快樂，但是他們卻不明白。我怎麼處理這個不快樂——別人的不快樂和我自己的不快樂？我是不是修自他交換就好，然後就讓它去吧？

【仁波切】你在這裡提出了很多的問題，但你所說的似乎是因為太多概念而太少實修。當我們將事情過度概念化時，我們總在談論各式各樣的問題和它們各個不同的解法，但卻沒有著手於真正的解決方法。你真的不需擔憂自己，會因為他人無法體驗到你的幸福和快樂而心痛，你無法處理別人的問題和痛苦，或去利益他人，因為你缺乏慈悲的真正體驗。當你因某人的痛苦而傷心、不安時，那只是自我主義更進一步的展現。我們的痛苦比起因慈悲而受的苦來得嚴重多了。如果我們的痛苦只是因慈悲而有的苦的話，那就太容易解決了。所以，你可能無需太擔心這點。

你所講的，似乎非常不切實際。這就好像是說：「如果我們中間長了一棵一千英呎高的大樹，我們要如何不讓大樹倒下來？如果樹枝掉在某某人的頭上的話，我們應該怎麼處理？」

雖然根本就沒有這棵樹，但我們還在那裡擔心得不得了。如果我們自己不修持，我們就不用去想別人修不修持。

修心是要點。想要帶給自己生活中絕對的改變，並且更實際地影響其他人的生活，唯有好好地修自己的心才能做到。如果我們去想世界上的各種問題，不管是在個人或全球的層次上的問題，或是我們一直去談論「如何做」、「如何不做」，這也無異於其他每一個人在做的事情。問題永遠不會獲得解決，因為心不安定，混亂依然持續。

我們是社會上的一份子。假使一個人能夠為自己的精神正常負起責任，那麼社會上就少了一個精神不正常、迷惑的人，而未來的世代也就少了一個迷惑的人要面對。因此，值得這麼做。無始以來，我們不僅自己困惑、助長並影響他人的困惑，而且還繼續在世界上彰顯我們的困惑，以不健康的方式來影響他人。如果在無量的未來，我們仍然持續在困惑當中，我們知道迷惑仍將是自己對他人的貢獻，而我們還是會一直在談如何回應這個、如何回應那個。

健康持久的和諧與良善，如果沒有在人們的心中生起，那就絕對不會降臨到這個世界上。除非培養出真正的善心，否則我們是不可能信任彼此——因為彼此不值得信任。我們想要幫助別人，但是誰知道別人又是怎麼想的呢？我們總在一種猶疑，或是焦躁的狀態。這總是發生在那些對如何調伏自己一知半解的人的身上。如果每一個人使用的方法都是正確

的，我們早就能夠受益於那些其他的方法了。

因此，我對各位的鼓勵是：我瞭解你們對他人與他人各種問題的關心。但如果你真的關心一切眾生的和諧與福祉的話，請先用修自己的心來表達。這會是最實際的策略。也就是說，當你真的著手整頓時，事情可能就會開始步上軌道。

【問　題】可能有一群人真誠地在做慈心的修持，但大家的方式可能都不一樣。也就是說，它可能像是一團冷風直接了當，而不是溫馨又甜蜜、友善又有禮、善意如泉湧這樣，難道不是嗎？有些人的風格不同，他們就是不愛說太多的話，或者就是不願意走上前去，給某人一個擁抱，因為這不是他們的風格；而有些人就是會一下子跳到你的懷裡。真正的慈心難道沒有各種的表現形式嗎？也就是有些人看起來不是太友善，但他們可能實際上很友善。並非人人都會去擁抱每一個人——這不是每一個人的作風。

【仁波切】你所說的，可能有助於澄清一點：亦即誠摯的慈心和假裝出來的慈心是不同的。為了贏得他人的心，讓別人有個好印象，有些人刻意要表現出具有某種魅力，但這不會是對他人有真誠慈心的修行者的做法。當然，這也不代表你需要以非常情緒化的方式來回應。你應該關心他人，無論對方是你的什麼人，你應該要有一顆利他之心，與對他人深刻的關愛。你最清楚什麼是真正的慈心，什麼是虛假的慈心。你有沒有進步，自己就是最好的證人，因為你比其他任何人都更瞭解自己的心。因此，是的，我們必須認清此二者的不同。

164

我們表現慈心的方式有別，但我們真的應該要有慈心的體驗，而不光是在道理上知道它的好處。如果透過修心，你真

的對慈心有所體驗，那麼你就會由衷關心任何從你眼前經過的人。但它並非是這種的態度：「你知道我是為了你們所有的人嗎？」，這不是重點。你在修持自心，對每一個在你眼前經過的人、每一個在你心中浮現的人，培養對他們福祉的關心，你以這種方式來觸及每一個人。當你看見人們快樂，彼此溝通良好，具備友誼、身體的健康，以及生活中的各種舒適時，這即是快樂的因。不只是他人感到歡喜和安樂，而且他們的歡樂也會讓我們快樂。同樣地，當你看見他人獲得任何程度的成功——精神上還是物質上的，你可以這麼想：「嗯！太好了！」

這是智力高超的做法，能夠這樣很好。人們似乎覺得我們一直在講的，不過就是去幫助別人，但就是從這樣的行動中，我們獲得最大的利益。這也意味著，無論因為你的作風讓你的話多、還是話少，無論你的能力讓你做多、還是做少，我們的任何言行，都必須是真心誠意的。即便我們所表現出來的慈心，在程度上和作風上，會因我們慈心修持的深淺和表達風格的不同，而有差別。即使對他人福祉同樣強烈關心的兩個人，他們的表達方式卻可能相當不同。同時，當我們心中有了慈心，我們的內心和生活也會有明確的彈性，讓我們的人際關係更為圓融。

【問　題】這間屋子之外的我們所處的這個世界，其經濟、政治、心理上的交流，是以非常不同的原則在運作的。我在想，有意修持慈心的人，以及那些慈心的修證已臻圓熟的人，應該如何保護他們自己，而不會在這些交流中受到錯待。

【仁波切】首先，重要的是回到我們昨天所講的：第一個要認出的是，雖然信仰和價值系統不同，但是一切眾生無一例外同樣希望離苦得樂。即使某些人因為自身的迷惑，他的信仰可能完全

跟你的矛盾，但他或她衷心地渴求幸福和快樂。因此基本上，就這點而言，我們是沒有差別的。清楚地明白這點對我們非常重要，因為人們錯待他人的原因，來自於他們不瞭解眾生的基本問題和意圖。

若是有人涉及各種有害和毀滅性的活動，那麼做出這種不善行為的這個人，他自身所受到的傷害，比那些被波及的人還大。因此，我們不應該故意地去傷害這個人，雖然我們都知道，從自我的角度而言這很自然。但從一個覺醒、覺知之心的角度而言，這樣的態度會完全關閉我們獲得潛在的證悟。人們所經歷的現實世界，乃是基於自身我執的習氣。

各位可能在多個場合中聽說過「菩薩沒有敵人」，還有任何我們所經歷的虐待，是「自身的因緣」所造成的。再者，若是從來沒有受過他人的暴虐，我們是絕對無法產生無懼的，這是因為我們的心將無法接納無懼的觀念和可能性。

這些的一切，最終在於修心的必要性。能夠進行這樣的討論很好，但是我希望傳達的是，這樣的談論不應該只是讓大家在思維觀念上更加地去鑽研，在那裡一直繞圈子。你的問題反映出：你因為缺乏體驗，沒有將修行整合到生活當中，而有一些沮喪。一旦有了慈心的如實體驗，而不只是對慈心的一種概念或意圖，你就會對自己以及身邊的情況，有著非常不一樣的看法。從比較世俗的層次來說，你必須在身體和言語上盡力做到最好，並且好好地修心。

通常而言，我們想要控制一切，但是事情不是這麼運作的。因此，就只要盡力在自己的動機和行為上做好。當你缺乏信心或確信，覺得氣餒地不想繼續下去時，這是因為缺乏訓

練。無倦和無懼來自於心的培養──而不只是身體上的某種力量。大難臨頭時，你應該盡自己最大的力量，避免成為受害者。如果你是一個如法的修行者，對此產生敵意便是錯誤的態度，因為那只會造成更多的傷害和更大的困惑。盡你一切所能地去避免受害，這是你該做的。你必須要有獨立判斷的能力，而這也是佛法所強調的。

【問　題】您在說到整合（將佛法融入生活當中）時，整合的容易度和能力，是否相對於業力的過程或箝制？

【仁波切】是的，的確是這樣。這即是一個因果律的範例。在一般的情況下，如果我們想要在一個已經熟悉的領域中更上一層樓，那絕對是比在一個不熟悉的領域中來得容易。因為我們已經具備了能夠更上一層樓的基礎：我們比較知道這個領域的術語，理解和溝通起來比較容易。就佛法的修持而言，如果已經有了一個比較好的基礎──之前曾修過慈悲，並且在身、語、意上有比較好的善業，那麼就比較容易對佛法感到似曾相識，會對佛法有更強的領悟和更多的感覺。

我們都有經驗證悟之心的潛能。但每個人的根器不同；有些人能夠比其他人更有效率、更紮實地將它融會貫通。例如，有一些人進行同樣的修持，投入相同的時間和精力，但卻有不同的體證，這是因為他們學習佛法的根器不同。對於那些沒有佛法基礎或善根的人，他們仍然具有潛能，但若他們的習氣和潛能，與能夠開展此潛能的修持反其道而行的話，那麼就連「無量慈心」的這種觀念，也無法進入到他們的言談當中，無法獲得任何迴響。這就是為何一群人聽聞到相同的法教、做同樣的修持，卻會有相當不同的瞭解；每一個人所經驗的旅程都相當不一樣。因此，的確，我們自身業力的過

程，會形成極大的差異性。

【問　題】我們如何以這個觀念來看待西藏？歷代的西藏和西藏文化與佛教信仰的融合程度，可能比任何一個國家都深入。為什麼是這樣呢？

【仁波切】這可以有兩種解釋，並且我覺得此二者是有關連的。第一，不同的經典中曾經有這樣的授記，西藏將會是無量大悲的觀世音菩薩行佛事業之地。因此，那些傾向大乘佛法的特質，覺得自己是大乘佛法大家庭一份子的人，就會投生到這樣的環境當中。換言之，具備能夠接觸佛法傳統真理和智慧的善根、福報的任何人，他們就會受到具備這種資源的環境所吸引。

以較為世俗的層次而言，未受染污的佛法完整無缺地被引入西藏；完備的教法傳承——教法的文字、意義和證量，被傳遞到西藏。同時，西藏本身的環境也是非常原始簡單。在能夠形成散亂的各種物質和物質上的發展，以及在心理上的散亂源這方面，西藏是與世界其他地方隔絕的。

在世界的其他地方，許多的概念應運物質而生。例如，甚至是在精神的修持這方面，就我們能接觸到所有的情況，就算我們每天嘗試一種精神的修持方法，也一輩子試不完。因此，我們的不滿足是情有可原。雖然我們的不滿足是自找的，但大量的物質和精神物像卻讓我們的迷惑愈演愈烈，而形成愈來愈大的心理障礙。我們發現自己的身心是如此地散亂，以至於想要具有一種生存感、一種專注感都非常困難。另一方面，在西藏，它的環境有助於修行。我們聽不到這個、那個，看不到各式各樣的事情，因此可以說這樣的環境

有利於簡化我們的生活。

由於缺乏種種的便利，西藏的生活也相當艱困，但是這種艱困，卻也讓人們能夠珍惜什麼才是更為深刻的東西，而不是被寵壞或是太耽愛自我，人們變得更為專注。所以，我覺得它的環境沒有受到各式各樣物質的稀釋與滲透，這可能是另一個原因。

【問　題】我要問的問題是關於慈心和瞋恨的相對關係。例如，根據我從報紙中得到的消息，當今西藏僧人似乎對西藏的政治局勢有著瞋恨的態度。在美國這個國家，二十年前的南部，哪裡有瞋恨的行為，哪裡就有和平的示威。在甘地的那個時代，還有一種激進的和平主義，和平主義者們可能會採取一個「若有人要打他們的頭，他們就會容許別人這麼做」的立場。對佛法而言，在傳達你要的是自己個人的自由上，相對於慈心，瞋恨如何適用於此？

【仁波切】是的。我曾聽聞過一點在世界上和西藏內發生的事情，但是我可能是消息最不靈通的那個人，因為我不懂英文，無法以英文閱讀，或收聽一些報導或聲明。就個人來說，我對世界上所發生的各式各樣的事情不是太有興趣，也不會對它們太過掛心。我面前需要做的事情就已經夠多了。對於我們能夠做的事情，我們不應該把它弄砸，而不是迷失在一切現存的問題和負面情況當中。只要人們的生命和心中存有煩惱的習氣，那就一定會有戰爭、問題，以及各種迷惑。這些事情會發生，一點也不奇怪。

有些人似乎以世俗的方法，在世俗上做到最好；其他人則似乎以出世的方法，在出世間上盡力而為。最重要的是，去做

任何能夠為大多數人創造更大福祉的事情。這是我對這些情況的一些感受。

現在我很高興來回答所有這些不同的問題，但是我所擔心的是，光是聽聞我們所討論的這些法教並不夠。最重要的事是去持守法教、持守佛法、持守善業。這代表著你必須將修持融入你的生活當中。除非我們結合我們的修持，否則將無法保有理智、無法保存佛法。當我們指佛教是「活生生的傳統」時，指的不是佛教的文字，而是證悟的體驗。如果文字和智性的法教沒有體驗來支撐的話，它便會失傳，便會受到人們個人喜好的扭曲。

重點不在於是藏人、非藏人，或者是僧人，還是居士。這些都與將佛法融入生活的能力無關。人們可能會說：「哦，如果你來自那個國家，你一定是已經將佛法融入生活中了。」如果某人看起來是個僧人或尼師，人們就會以為他或她已經將佛法融入生活中了。不是這樣子的，這就是為什麼我說這要看個人的原因了。這是個人的事情，你是自己內心最佳的證人。當我們說修持佛法是個人的事情時，意思是說你的外相，或其他人對你的觀感，可能是對的、可能是錯的，但是絕對沒有一個人比你更清楚你自己。除了你自己以外，沒有人知道你的心是如何運作的。因此，我們不需要因為某人具有某種特定的職業，或來自某種文化背景，就去稱讚他，也不需要因為他們來自某種特定的文化或情況，就去貶低他們。

佛法是任何人都可以修持、持有的，這對象可以包括任何人，不取決於你出生的家庭，或是你的人脈權勢，而決定於你的努力、精進，以及對佛法的珍視。因為你來自這樣那樣的國家，因為你穿這樣那樣的衣著，有些人就會以為你就是

怎麼樣的人。就某方面來說，這也挺好的，但這是基於無知。雖然你所問到的人，看上去是個僧人，但他們不見得就沒有瞋恨的行為，而這也沒有什麼好訝異的。另外也有可能是對方其實是有瞋恨心，不過自己沒有看出來罷了。但造作這些事情的人，自己的心裡是最明白的。你看，如果人們告訴自己：「如果能夠保護一千人或是十萬人的性命，我願意犧牲自己的生命。」這就是一種非常強烈的慈心。但另一方面，當人們為了「我的國家」、「我的人民」、「我的身分」而爭鬥時，這就不是佛法了。

因此，政治上的正義與佛法上的正義相當不同。從佛法上的正義來看，政治無關緊要——所有眾生的福祉才是主要的考量。你必須承認你的敵人也在受苦。你的敵人在進行征服、摧毀的行為時，並不覺得這個有樂趣；他們並非因為這是對他們最好的事情，而去這麼做。從政治和世俗的角度來看，如果你有一個敵人，而這個敵人將你的國家或人民摧毀的話，這是一件非常不公平的事情。這違反正義，而你必須為正義而鬥，這可能意味著將他人摧毀，因為這就是他們對你做的事情。從這個層面來看，政治和佛法的觀點可以相當不一樣。

我無法評論你所談到的和平示威等等，但在西藏，當政治與佛法混雜在一起時，就會發生類似的事情。似乎是佛法的某種元素跟某種極端非佛法的元素同時並行。這就是當佛法和政治混合下的後果。某些佛教傳統會極度強調維護佛法的健全和清淨，而將此二者分開。如果人們的立場是基於報復，並聲稱：「我們必須力挺我們的國家和我們的人民，我將採取這樣的立場，就算他們把我給殺了，我也堅定不移。」這便有相當大程度的瞋恨在裡面。雖然它可能不是非常活躍，但仍然是瞋恨，仍然是慈心與悲心的反面。

| 第二小節 |

悲、喜、捨

我們的身和語，只是受到心掌控的工具，
它們會有害或有益，取決於心的動機。

接續前面四無量心的開示，只要我們對第一個無量心——慈心，能有適當的瞭解和正確的體會，那麼就會非常容易生起無量的悲心。基本上，此二者並無不同，只是所專注對象的差別。之所以先引介無量的慈心，這是因為如果我們能夠瞭解與培養此種特別的態度，並且將此項特別的修持融入生活當中的話，那麼我們就能夠修持其他的四無量心。如果我們無法瞭解和運用第一個無量心的話，我們就無法瞭解和運用其他的無量心。因此，第一個無量心極為重要。

悲心

第二個無量心是悲心。這裡專注的焦點在於有情眾生的痛苦，而非有情眾生的幸福和快樂。我們之前談到希望眾生幸福快樂，但是現

在的焦點是痛苦和困惑。我們誠摯地希望一切眾生同樣能夠免於痛苦。這即是在佛法修持中，悲心的意義。

再一次地，為了要清楚並如理地實踐此法教，我們首先必須瞭解悲心是什麼，為什麼悲心這麼重要與深奧。再重複一次，悲心是希望他人免於痛苦和苦因的誠摯祈願。在祈願文中它是這麼寫的：

　　　願一切眾生離苦及苦因。

因此，首先我們必須知道悲心是什麼，之後我們才有可能瞭解無量的悲心。無量的悲心與劃分界限和拘謹相反，它具有一種開放、接納、遼闊的功德特質。就像之前慈心的例子一樣，我們並不是沒有悲心，一般反而是我們悲心的觀念受到了扭曲與濫用。因為有「我的」、「我」的習氣，我們希望那些我們特別有興趣的人可以遠離痛苦。同時，我們期待著他人對我們的回饋，也會對他人生起瞋恨。

無量的悲心源於這樣的瞭解：無論眾生正經歷著什麼樣的事情、無論他們可能有多麼地迷惑，但基本上他們都跟我們一樣——希望免於痛苦。瞭解到這個基本的情況，我們也認識到有情眾生的數目無量無數。因為有無量的有情眾生，所以無量的悲心也不侷限於某群眾生，或某種物種。無量的悲心不侷限於那些看起來友善的眾生，也不去分別朋友或敵人、我的或你的，而是對一切眾生一視同仁。因此，我們對一切眾生培養這種悲心的態度，希望他們都能遠離痛苦。

這項悲心的修持，特別是無量悲心的修持，有著非常廣大的利益。唯有對它真正地瞭解，才能夠將它融入我們的生活當中。在這種態

度下，我們是不可能有瞋恨、冤仇的。如果我們真有悲心，很顯然地，我們不會想要去傷害別人；我們不會有瞋恨、仇恨的對象，因為痛苦是由瞋恨及其各種面向，如憤怒、埋怨、拒絕和芥蒂所形成的。這一切會造成我們自身與他人生命中的痛苦——相對和絕對的痛苦。處於憤怒和瞋恨中時，我們會感覺到痛苦，而這種瞋恨的後果，將是更進一步的困惑，以及其所帶來的痛苦。

另一方面來說，悲心的修持不僅讓我們在當下免於痛苦，並且播下在未來免於痛苦的種子。因此，我們應該認識到這種了悟和修持的奧妙。當我們說佛法中某種奧妙的東西時，我們並非只是在講某種非常吸引人的、富麗堂皇的東西，而是指它多麼有益，而不是多麼神奇。

通常我們相信瞋恨是由外在情境所引起的。我們認為這個瞋恨的對象就在外面，但我們無法控制外在的條件。再者，由於其無常的本質，以及一切因緣條件的緣起互依，外在的條件不完全真實可靠。如果我們信任並依靠外在的條件，以為去除瞋恨的對象後，我們就剷除了自己的瞋恨，但是其實不然。顯然地，我們的人生就是最佳的實例，因為我們一輩子就是在做這樣的事情：我們一直向外看，並且告訴自己：「這個就是瞋恨的對象。」然後我們試著去摧毀他們。但結果我們有變得不再瞋恨了嗎？我們有免於心的這種習氣所造成的痛苦嗎？藉著忽視、壓抑心的這種習氣和它所帶來的痛苦，我們有免於它們的魔掌嗎？

另一方面而言，就像和慈心一樣，如果我們對悲心有真正的體驗，瞭解悲心真正的內涵，那麼就不會有瞋恨。因為在那個當下，我們的心充滿了悲心，哪裡還有瞋恨的容身之處？具備無量的悲心本

身，即是與其相反的動機或態度——瞋恨的自解脫。

苦苦、壞苦和行苦

在提到悲心時，我們無一例外地祈願一切眾生免於痛苦與苦因，因此知道何謂「痛苦」很重要。痛苦有身體上和心理上的痛苦。各種條件和疾病造成許多身體上以及心理上的痛苦，我們可以將這些痛苦分為三類。就此而言，實際上只有三種痛苦：「苦苦」、「壞苦」、「行苦」。

苦苦的一個例子便是內心所經驗到的不安寧，並且加上某種身體上的痛苦。也就是當我們正經驗著一種痛苦，而除了這個之外，我們還有其他的痛苦。或是我們可能因為一些因緣條件，而正經歷著生理上的痛苦，接著又加上煩惱習氣的痛苦。因此，這就是「苦苦」，對痛苦所感到的痛苦：不僅我們有痛苦，並且在這之外，還有更進一步的痛苦。

再來是「壞苦」。對快樂的幻覺、受到快樂的矇騙是此處痛苦的原因。幸福快樂的神話幻滅後，便轉變為痛苦，這即是壞苦。例如當我們變得出名，具備某種受到尊崇的職位或信譽時，我們可能會變得很興奮，覺得很快樂。但如果我們失去了這個職位時，我們就會經驗到痛苦。若是我們沒有經驗到這種名聲，我們也不會經歷到這種變化的痛苦。另一個例子便是受到感情的吸引，並為之著迷，感覺非常快樂與歡樂。但是當兩個人分開時，就會帶來痛苦——壞苦。原因是我們將感情視為實在、真實的，而感情當然不是真的，因為它會改變。如果它是真的，裡面有真的快樂的話，那麼它就不

會改變，而事實上它的確會變。這是一種會矇騙人的快樂，它具備快樂的外相，但並非是本俱的快樂。因此，這種會欺騙人的快樂，被稱之為「壞苦」的原因。

同樣地在許多其他的情況下，我們所經驗到的任何程度上的獲得也終將會失去。沒有獲得便沒有失去，但只要有得必定有失。在這種情況下，所謂的獲得也是騙人的。就觀念上的執著來看，它似乎是真的，但是從事物究竟上的本質而言，它並非真的，也不可靠。因此，我們可以看到改變產生痛苦，其原因在於我們相信，某種現實的幻相、神話是真實且永久的現實，所以我們無法接受改變。

第三種痛苦是「行苦」，基本的痛苦。例如我們一旦出生，就必定會死亡；我們無法迴避死亡。對於所有的眾生而言，死是生的基礎，一切眾生都會受到死亡的痛苦。只要我們一天不從基本的無明中解脫出來、不從我們的因緣條件、習氣當中解脫出來，就會有一個受苦的基礎。因此，行苦即是根據這個基本因素的觀點來定義的。只要我們沒有獲得完全的解脫、完全的證悟之心，我們就會具備這些缺失，經驗到痛苦。因此，在迴向的祈願文中，我們會說：

　　願一切眾生離苦及苦因。

我們祈請眾生能夠從當下可能正承受的、任何相對層次上的身心痛苦中解脫出來。同時，就法教的智慧層面上而言，我們考量的不僅是他們目前的痛苦，同時也關注他們未來的苦因。因此，我們祈請眾生能夠從痛苦的原因當中解脫出來。這些苦因是眾生各種的習氣，傳統上稱之為三毒：貪、瞋、癡；只要有這心上的三毒、這三

種習氣，就一定會有痛苦。

只要我們以這種迷惑——基於貪、瞋、癡的負面眼界——來過日子的話，我們的身、語、意，註定會產生痛苦。我們的身和語，只是受我們的心掌控的工具，它們會有害或有益，取決於心的動機。如果我們的心免於有害、負面的習氣，我們的行為就愈來愈不會對自身和他人造成傷害。因此，當我們說：「願一切眾生無一例外地遠離當前的痛苦以及苦因。」我們是在祈請眾生免於這些煩惱的習氣，特別是此三毒的習氣。對於這些習氣，我們必須謹記這些習氣所導致的個人和人際間的傷害。若能夠克服這些，我們不僅會獲得解脫、平靜，以及和諧，同時也會免於恐懼與痛苦。

因此，一般來說，無量的悲心能夠消滅並幫助我們遠離所有的習氣，它尤其是煩惱中瞋恨的對治法。

喜心

> 願一切眾生不離無苦之妙樂。

第三項無量心為無上的喜心。我們這裡談論的不僅是短暫的歡喜、快樂；就見地的智慧而言，我們不只是關心有情眾生當下與短暫的快樂，以及相對的樂因，並且我們還具備著一個遠景，亦即一切眾生能夠獲得究竟證悟之心的體驗，而究竟證悟之心的體驗即是無上的喜樂。也就是說，當我們具備了證悟之心時，我們體驗到無上的妙樂。因此，我們應該要具備這樣的態度：不僅願一切有情眾生無一例外地能夠離苦得樂，並且願一切眾生也能夠體驗到究竟的證悟之心。

這是我們的願景和動機，我們覺得若只考慮眾生短暫或相對的快樂，便是不智，因為正如我們在討論壞苦時所說的，相對的快樂只會產生更多的痛苦。所以，我們祈願眾生具備不壞、究竟的證悟之心。此究竟的證悟之心即是智慧，即是無上大樂的體性，我們祈願一切眾生無一例外能夠具備這樣的體悟。這裡我們不只是希望某些眾生體驗到相對的快樂，而其他眾生體驗到究竟的快樂，我們要的是一切眾生無一例外地經驗到此圓滿的證悟之心。

捨心

第四項無量心是無量的捨心，它是我執的特定對治。在四無量心的祈願文中是這麼說的：

> 願一切眾生遠離親疏愛憎，常住大平等捨。

親疏愛憎源於我執，而遠離親疏愛憎即是大平等捨心的經驗。我們已經討論過了相信有我的存在並執著於我，而有「我」、「我的」的念頭。這就是自我，相信有我。接著就會有「他」、有「萬法」，這包括我們對「他」所起的瞋恨，而這個「他」可以是其他的眾生或物體，是任何在「我之外」的、不合於我們的心所劃定的界限的東西。我們執著於「有我」，也執著於有「萬法」。此親疏愛憎因我執而生。如果我們的心完全遠離了對「自」與「他」此二元的執著，那麼我們就能夠對一切眾生具有平等的慈心和悲心。

在四無量心中，此捨心是一種大平等的狀態。就此而言，此大平等的捨心不僅是無條件的接納和開放，同時是其他無量心——慈心、

悲心、喜心的成果，它是對證悟之心的究竟和絕對的體驗。因此，我們的修持不應只侷限於開展短暫、相對的快樂或滿足，而應該致力於開展對無上大樂——免於任何造作出的快樂——的究竟體驗。因此，如法的修持和如理的見地，能夠免於親疏愛憎，帶來無量大平等捨的體驗。

正當的動機

我已經簡單地向各位介紹了四無量心的內涵，以及我們應該修持它們的必要性。四無量心是大乘佛法的核心、精髓，是大乘佛法的珍寶、寶藏，是大乘佛法之所以為大乘的原因。這裡的「大」不只是一個標籤，也無關於老舊、年長，或是體積的龐大，它指的是心和動機的偉大，以及包容一切的開放胸襟和大無畏。對我們這種生於末法時代的眾生來說，我們非常有福報能夠聽聞並修持如此甚深的智慧，並且接觸到這個具有無法測量的價值和利益的禮物。

我誠摯地希望，各位能夠試著將這些法教融入生活當中，因為真正的體驗和旅程，在於融會與瞭解。如果以四無量心來修持自心，你便是行於菩薩道之上，引介自己進入菩薩的大家庭當中。另一方面來說，若是不修心，尤其是不瞭解或不修持四無量心的話，那麼就算受了幾百次的菩薩戒，你仍然會錯失重點。真正的體驗和利益來自於對此法教的融會貫通。如果你沒有修持四無量心以及其他與修心有關的法教，你就不會瞭解受持菩薩戒的意義，無論你受過多少次菩薩戒，對你而言，它就僅僅是個儀式而已。

菩薩戒非常深奧、很具有意義——它代表著從此進入菩薩的世界，

宣誓開展自身證悟之心的真理。它是能夠無懼地去利益眾生的真理，不應只是一個小小的儀式。因此，我們有必要好好地去瞭解和運用它。佛法中有許多值得珍視的內容，特別是大乘佛法的要旨。但是這種訓練是個挑戰，它包括了對智慧的修持，以及開展一顆聰穎、敏銳的心。

過去，那些如法修心的人，真正證悟了佛陀的法教，而那些沒有辦法修持自心的人，無論看起來是多麼地深入佛法，也還是無法獲得如此的證悟。例如，在阿底峽尊者的時代，有一個名叫格西（意思是大學者）的修行人，對佛法的經典非常博學，並且修持密續主要本尊之一的密集金剛，以堅毅而著名。但是根據能夠預見他人來世的證悟者的智慧淨觀，卻發現他在下一世只能勉強跟小乘的聲聞道搭上關係。

許多修行人在聽聞到這件事後，開始對金剛乘的法教和修法產生了很大的懷疑。因為如果一位對密乘最高修法如此深入的人，這麼努力精進地修行，卻獲得這麼一點點的證悟，那麼人們所說的金剛乘的甚深利益在那裡？以傳授修心而著名的阿底峽尊者便說：「喔，不是這樣的。金剛乘法教無可摧毀，金剛乘法教的奧妙不可思議。這件事與金剛乘的法教缺乏任何奧義無關，而是缺乏進行這些修持所需要的動機和修心訓練。」

當金剛乘的修法與正當的動機結合時，就會極為殊勝；而正當的動機則是藉由修持無量心來培養。如果我們的心未曾如法地修持無量心，若是我們的證悟之心中不具好的背景基礎，就算我們修持各種金剛乘的法門，也不會經驗到可能有的利益。金剛乘的修持，對那些能夠將佛法的精髓融合的人而言，無疑地是非常殊勝的，但是如

果我們沒有打下這種基礎的話，就算經年累月地做這些修持，也不會帶來什麼好處。

這並不是要特別禁止大家去修金剛乘的法。這並不是要去遏止大家，是因為大家缺乏態度和動機，而自己遏止了自己。例如一位藝術家為了要畫出一幅畫，首先必須先要有畫布。如果沒有畫布，只有空蕩蕩的空間，那麼無論這個藝術家揮動他的畫筆多少次，也永遠無法產生一幅畫。這並不是因為不會畫，或畫筆有問題，而是因為不具備能夠讓畫作得以呈現的畫布。事情就是這麼簡單。

證悟之心

最後，身為世界上的一份子，我們需要照顧生活中一切的任務和責任。我們發現自己為了要滿足生命中的各種需求而忙碌，以至於能夠正式修法的時間很少。因此，這樣的問題一而再、再而三地被提出：「如何將佛法的修持融入我們的日常生活當中，讓佛法的某些特質，能夠在我們的生活中展現出來？」希望這麼做、知道怎麼做，仍然不夠。我們必須好好地下功夫，以正式的座上禪修，或者正念覺知來修心。如果我們完全知道需要做的是什麼，但又覺得力不從心的話，這是因為沒有受過訓練。

另外，我們能夠做到的修持，無論再怎麼少，是正式的座上禪修，還是下座後的修為，或者是身、語、意上或大或小的善行，我們都要如理如法地去做，這點非常重要。最重要的是我們修持的品質。如果我們的修持如法，修持具有好的品質，即使一項小的修持，也能夠帶領我們走很長的一段路。反之，如果我們修持不如法，並且

品質粗糙，就算經常修持，卻可能沒有什麼大的進步。這裡修行的如法和品質，指的是四無量心的修持。在做任何的修持、行任何的善行時，非常重要的是，要記得我們修行的動機為何：我們修行，是為了讓一切眾生無一例外地獲得圓滿的證悟之心。

對證悟之心的這個祈求很重要。我們很多人只是比劃著修法的動機和節奏，我非常懷疑，到底有多少人修持前，是帶著這樣的祈願來進行他們的修持的？有多少人在行善時，除了實際去做並瞭解行善的好處之外，是帶著這樣的動機來行善的呢？自己所行的善業是如此少地可憐，而自己耽溺的惡業是如此多如繁星，若是在秤桿的兩邊稱一稱自己修行的斤兩，唯一能夠給自己加很多分的，就是我們的動機。因此，我們在修持時，可以運用這樣的智慧。

當我們完成了一項行為或修行時，我們應該也要在自己的動機上下功夫。這不一定是一項大動作，而可以是一項簡單微小的善行。對於因行善而累積的任何善業或利益，我們都應該誠摯地將它迴向給一切眾生的相對與究竟的利益，無一例外。我們不應該緊抓著它並且說：「哦！是的。我做了一件好事，因此這個好處歸我。」我們必須將功德迴向，這即是無量心的運用。如果這麼去做，你遲早會開始經驗到它的好處。

若沒有結合正當的動機，我們所做的任何修持，就會需要很長一段時間才能產生效果。事實上，我們的修持可能經常受到各種煩惱習氣的染污，使得我們最後發現自己造作各種的惡行。這就像是經常製造骯髒的衣物，堆積了層層的塵土，並且把水也弄髒了。這種情況下，最後我們會連洗衣服的地方都沒有了。因此，如果可能的話，請大家務必要將此點放在心上。

【第四堂課】

分享的練習課：菩薩道

以慈悲對治瞋恨和嫉妒

一切眾生同樣在尋找快樂與避免痛苦。

通常我們會談論如何去除五毒煩惱;但基本上,如果我們知道如何運用對治,那就根本沒有什麼所謂的「五毒」可言。藉由開展對一切眾生的悲心,我們就不會有憤怒瞋恨的餘地,因為悲心和瞋恨無法共存。藉由此清淨悲心的開展,我們業已將憤怒和瞋恨的生長空間去除。再重複一次,我們所開展的任何悲心,不應該是虛假造作的,而應該發自我們的內心深處。再者,透過對眾生清淨、誠摯的慈心,嫉妒和其他的煩惱毒就無法有滋生的空間。慈心和嫉妒無法並存。在開展慈心時,我們希望他人成功;而當我們祝願的人獲得成功時,我們就不會嫉妒他們的成功。

運用對治的意思就是「轉自己的念」。在瞭解到以慈心和悲心的開展為對治法的重要性後,我們應該要好好對它進行修持,一次又一次不斷地熏習,直至熟悉這個方法為止。若沒有受到完全的訓練,

沒有完全熟悉的話，我們的感受就可能缺乏真誠。但藉由不斷精進地重複修持，我們能夠培養出真心誠意的慈心，而悲心就能夠毫不費力地開展出來。

有時我們可能會覺得，甚至於會這麼說，我們可能永遠培養不出慈心和悲心。或者，我們可能看見一個非常殘忍的人，十五年來從來沒有看過他的笑容，並且會說：「那個人沒有良心、一點都不慈悲。這種人不可能真的關愛任何眾生。」這些都是不對的。首先，我們知道從畜生道到人道，每一個眾生都愛自己的子女。即使他們不愛別人，但也會愛自己的孩子。人類和動物都會照顧自己的子女，所以一切眾生都能展現出愛。再者——這也是最重要的一點，每個人都愛他自己。所以，愛是存在的。問題只是將對自我的貪愛，做個一百八十度的轉變，將它變成對他人的關愛。就是這樣，非常簡單。並不是某些人的心中沒有愛，一點都不是這個樣子，他們只是沒有對已經在那裡的愛，打開自己的心房。

寂天菩薩曾經教導過，如果我們不瞭解態度、動機的重點的話，那麼痛苦將無法止息。這裡的重點和最重要的態度，便是真的打開自己的心胸，給予一切眾生慈心和悲心，而不是單單只對自己好，只愛我們自己。許多眾生所犯的錯誤便是，他們只愛自己。他們這麼做，可能是希望獲得快樂和平靜，但卻沒有瞭解到，一切眾生同樣在尋找這樣的快樂。不瞭解這點的人，還會抱怨每一個眾生。有時他們會將自己封閉起來，認為自己周遭的痛苦，的確是由自己身邊或週圍的人所造成的。但是無論他們如何地想從中逃離，世界到處都是眾生，最後還是免不了跟眾生在一起。於是，他們就會抱怨這個人、抱怨那個人，永遠沒完沒了。

反之，不這麼做，我們可以將自己的心胸打開，比起為自己，還更加為別人著想，給予他人慈心和悲心，試著去幫助照顧別人，那麼漸漸地，所有其他的眾生，也會像照顧他們自己一般地來關心照顧我們。因為我們非常溫和、慈愛，其他眾生不會對我們有所懷疑，或是有傷心、沮喪等負面的感受。每一個眾生會開始喜歡我們，不僅是人類，就連鳥獸也是如此。這是一個非常明顯的事實，溫和的人總是受到鳥獸等的包圍，因為鳥獸們不會害怕這樣的人。如果一個負面的人去靠近它們，無論受到這個人多麼盛情地邀請，鳥獸們還是會逃離。打開自己的心胸，多去關心他人，這麼做的結果，便能夠真正地去除自己的障礙和痛苦。

【第一小節】　以慈悲對治瞋恨和嫉妒

願菩提心、行菩提心

在任何情況下，都能夠持守利他的願心。

具備這樣的心態即是大乘佛法的胸懷。藏人修持的是大乘佛法的見地。大乘的梵文為「摩訶雅那」（mahayana），「摩訶」意思是「大」，「雅那」是車乘。身為藏人，這裡的「大」指的不是身體體形的巨大，相信各位可以清楚看到，藏人不是世界上最高大的民族（眾笑）。如果我們認為「摩訶」指的是身體的外形，那麼美國人就應該是大乘之人了，因為他們比較高大。但在這裡，我們以大乘的精神來形容西藏，因為藏人一視同仁地對敵人和朋友修持慈悲，平等地將慈悲廣被一切眾生。藏人這麼做的原因，在於瞭解我們每一個人都有一個共通點——希望獲得快樂。

願菩提心和行菩提心

當我們開展出對敵人有如對親友般平等的慈心和悲心時，這樣的態

度即是「願菩提心」。我們藉由修持來開展這種態度，一次又一次地重複熏習，我們便會熟悉這樣的心態。當我們能夠開展這樣的態度時，那麼無論我們經歷什麼樣的情緒，是悲是喜，是沮喪還是憤怒，或是有著任何其他的情緒時，我們仍然能夠持守慈心和悲心的態度。我們可以看到這個態度有多珍貴，而這即是「行菩提心」。在這裡「願菩提心」指的是態度動機，而「行菩提心」指的是我們對其的實踐，讓自己真正成為這樣的一個人。

如果在任何情況下都能持守利他的願心，不管情緒是喜是樂、高興還是憂鬱，無論有錢沒錢，能夠這樣去持守願心的人，我們稱之為「菩薩」。菩薩總是關愛悲憫一切眾生。一般人有錢時願意幫助他人，但當他們不成功或失敗時，他們便對眾生生氣並感到沮喪，而忘失了此寶貴的心和態度。這種事不會發生在菩薩的身上。菩薩的誓願是永保利眾之心。在任何情緒的狀態下都要做到這點，都不能毀壞的誓言，這即是一位真正的菩薩。如果我們沒有發自內心具備這樣的態度，三不五時地毀壞自己的誓言，這樣就只是一位冒牌的菩薩。

動機清淨

當然了，在初學者的階段，我們是無法如菩薩般地滿足每一位眾生的願望，我們無法像菩薩般地給予他們加持。但是我們仍然可以持守將我們的慈心和悲心擴及到一切眾生的誓願，希望帶給他人快樂，並且無論自己情緒的狀態，在任何時候，都能夠從內心深處清淨地持守這個誓言，那麼最終，這將會帶領我們成為一名真正的菩薩。

會傷害眾生的，是我們身、語、意上的負面行為；能夠讓眾生開

展、步上解脫之道的，是我們身、語、意上有益善巧的行為。一切身、語、意的惡行，讓我們經驗到的是更多的痛苦和損失，瞭解到了這一點後，我們應該遠離這樣的行為，轉向能夠帶領我們邁向圓滿解脫之道的身、語、意善行。那麼即使我們的善行非常微小、非常有限，仍然能夠一天天地累積善業。即使我們每天只禪修十到十五分鐘，如果動機清淨，我們就能累積並保存善業，最後讓自己成熟圓滿的佛心。

我們可能覺得想要有很快的進步，但是，若是內心不清淨，就算我們很精進地修持，也無法有很快的進步。這個時候，我們的修持就像是一只底部漏水的容器，即使我們很快地倒入大量的水進去，也無法將容器注滿。另一方面來說，如果我們的容器非常地乾淨，完美無缺，沒有任何的漏洞，即使我們一天只放一粒芝麻進去，總有一天，這個容器會被這些小小的芝麻所充滿。而這個容器內的東西，也會是純淨清潔的，因為容器本身完美無缺。如此這般地，我們若是知道方法，我們就會有信心，雖然每次修持的時間並不長，但藉由每日修持的漸進過程，我們就能夠獲得完全的開顯。

因此，我們以瞭解和學習如何進入佛法之門為開端。接著，如果我們培養清淨、真正的大乘佛法的精神，那麼我們就可以相當肯定自己將能累積廣大的善業，並且我們的善業能夠持續增長。否則，即使我們進入了佛門，而皈依的目的只是為了自己，那麼只為利己的這種修持，是否有益就很難說了。這種修持的態度，就好像將黃金、鑽石等珍貴的物品，放在人群當中而不去看顧。等我們回來後，除非自己真的很幸運，否則它們早就不見了，早就被某個竊賊偷去了；若有機會竊取它們，沒有人會讓這個機會白白溜走。

雖然在這種情況下，要保住這個珍貴物品的機會很渺小，但並非不可能。這個例子中的竊賊，就像是對他人的瞋恨。我們修持和所累積的功德，我們可能只將這些功德迴向給自己，而沒有迴向給他人。那麼在對他人生氣的當下，我們就會喪失所有的功德。這個時候，珍貴的寶石也就不見了。再者，只為自利而去修持，就長遠來看，也不會有利益。因此，我們應當為他人的利益去修持。特別在修法結束時，我們應該這麼去迴向：「願我所累積的一切任何功德，都能夠利益如虛空廣大的一切眾生，願他們獲得等同於我所修持的功德。」如果我們這樣地去發願，我們的功德便無可窮盡。它非但無可窮盡，甚至因為這樣的願心，而會繼續地增長。

利他之心

因此，西藏的許多大師和善知識，告誡自己所有的弟子，修持的方法比修持本身還重要。若知道修持的方法──亦即知道利他之心的重要性，那麼我們所做的修持都會合於正道。如果我們不知道修持的方法，即使進行高深的修持，我們也不算如理如法地行大乘的修持。大乘修持的方法便是瞭解到在修持的前行、正行，和結行，我們絕對不能忘記如虛空的無邊眾生。我們應該總是以利他之心來對待他們，在所作的任何修持的前行、正行，和結行，都要發心利益他們。

以這種方式來修行，持守此三要點，我們就真的能夠修持密乘、金剛乘。缺乏大乘的發心，將無法修持金剛乘。若能持守大乘的發心，我們就能夠從修持當中獲得大乘的成就，並且能夠朝向金剛乘修持的方向前進。因此，我們便能夠開始金剛乘的修行，將慈心與

悲心朝向一切眾生。

在這個現代世界中，有時初學者知道金剛乘是非常高深的法門，但因為不瞭解我們先前所談到的方法，於是就只緊抓著金剛乘的修法。他們在進行金剛乘的修持時，雖然口裡唸誦著非常神聖的咒語，但內心卻可能帶著瞋恨，甚至目光咄咄逼人，看上去很怕人（眾笑），試著將眼睛睜得大大地，變得像惡魔一般。這樣並不是真的在修持金剛乘。因為不瞭解慈悲的重要性，所以他們帶著負面的心態在修行。由於他們口中所唸誦的咒語並非一般的咒語，而是非常深奧的咒語，所以這樣只會令他們變成典型的兇神惡煞。

基本上，本尊的外相一點都不重要。有些本尊的外相是寂靜，有些是忿怒。忿怒尊的外貌，不代表這個本尊的內在有不清淨的發心。這就像是一位慈悲的醫生，總是希望能夠治癒他的病人。如果這個病人不遵照醫生的吩咐，那麼有時醫生就會對這個病人很嚴厲。醫生可能會將這個病人的手腳綁起來，強迫病人吃藥。醫生的目的並不是要摧毀病人，而是要為病人永除病根，讓他健康快樂。

從這個角度而言，在金剛乘外在的表象並不扮演重要的角色。金剛乘最重要的是我們內在的心，最重要的是要有慈悲的利他之心。就像是前面例子中的醫生一樣。這個醫生並不仇恨病人，但是必須使用蠻力讓病人乖乖吃下他所開的藥，其目的就只是為了治療病人的疾病。

我們討論到了以培養慈心來對治嫉妒之毒，並且以培養悲心來對治瞋恨之毒。藉由將這些要點放在心上，並且修持這些善巧的方法，我們就能夠瞭解大乘此一漸進的修持過程。

問答集

【問　題】我想要請問慈悲和智慧之間的關係。是否我們可能帶著很清淨的動機，以開放的心胸想去幫助別人，但缺乏智慧和理解？這種情況下，我們的動機雖然清淨，但結果有可能是傷害而非益處嗎？我們如何將此二者匯集並整合？

【仁波切】這個問題很好。這樣的事情經常發生。但當你對如虛空一切無邊有情感到慈心時，那麼也就會具備智慧。如果你平等地對每一位眾生感到慈悲，沒有親疏敵友之別，那麼智慧就會存在於你的行為當中。運用這樣的方法，絕對不會出錯，絕對不會誤入任何的歧途。但在另一方面，如果你只對某些特定的人有慈心和悲心，那麼你就必須格外小心了。在這種情況下，你就真的需要運用智慧了。

例如我們可能看見一個半死不活的人。他可能正經歷極度的痛苦但又死不了，而我們對他感到一種悲心。由於不想看到這個人繼續受苦，我們可能助他一死了之。好了，我們的動機是盡力結束那個人的痛苦，但是最終，這個人在死後，他所經歷的痛苦可能比活著的時候還大。因此，在這種情況下，我們帶著好的、清淨的動機，但卻造成更多的痛苦，這是我們可能如何將慈悲誤用的一個例子。另外一個可能誤用的例子是，我們想要幫助一個快要餓死的人。為了救這個人，我們可能為了要給他食物，而殺了一隻動物。我們給予這個人所需要的食物，雖然救了他，但卻犧牲了另一個眾生的生命。這並不是一個真正善巧，或有智慧給予清淨慈心和悲心的方式。

當我們的慈悲只集中在一個單一的眾生的身上時，慈悲可能

會受到誤用。因此，我們必須格外小心。當然了，我們可以透過不同的方式來餵食一位飢餓的人，不一定要去取另一個眾生的性命來達到這個目的，有很多善巧的方法可以用。我們甚至可以善巧地幫助一位正在受苦而即將死亡的人，我們可以唸誦我們知道的咒語，我們可以對他極為關愛，我們可以將善業迴向一切眾生的利益。這些雖然無法讓他活過來，但是對他往生後將有所幫助。事實上，這麼做對他的幫助更大。

【問　題】我的問題與佛陀的轉世，以及祂的一切所為有關。佛陀的連續轉世是我們不清淨的感知下的產物嗎？這是否跟我們對時間的扭曲有關？

【仁波切】時間在這裡扮演的不是要角，個人心上的遮障才是重點。如果是一個遮障比較少的人，他在任何時間都能獲得佛陀的法教。例如，藉由個人的努力，你清淨並去除了自己的障礙，那麼你可能變得跟佛陀一樣，但我們其他的人可能就不是這樣。那就是你獲得成就的時候，但不是其他人成就的時機，因為其他人還沒有將自己的障礙去除。因此，這取決於我們是否已經清淨了自心。

【問　題】不知我是否有聽懂您所說的「中觀證明沒有緣起互依」？我認為中觀主張一切空性是以緣起互依來運作的。這是否有別於緣起互依不存在的觀念？如果真是這樣的話，以勝義諦和世俗諦來看，緣起互依的差別在那裡？

【仁波切】這裡有些誤解，可能是我的解釋不夠清楚，或是翻譯不清楚，或者是你的頭腦不太清楚。總之，我們必須去瞭解不同層次見解的法教，並看到它們之間的關連性。當我們提到不

存在（無）時，大家就以為每一件事物都不存在；而當我們講到存在（有）是，大家又以為每一件事物都存在。這就好像是我說我的頭是禿的，結果卻被理解為每一個人都是禿頭。

這點非常重要。就勝義諦而言，緣起互依不存在。在世俗諦的層次上，當然就有緣起互依。我們也講到了色空不二。這裡從色法的觀點而言，色是存在的。但是色沒有生、也沒有滅，它是空性，如鏡中的映像。這種映像看似真實，但並沒有一個堅實、實際的映像投生在其中。在勝義諦的層次上，此映像是空性。

另一個例子是噩夢。相對而言，當我們於熟睡中做噩夢時，我們認為在噩夢中經歷的痛苦或恐懼是真的。同樣地，將噩夢跟我們目前的相對層次做比較，一切我們的善行和惡行都會有報應。善行累積福德，惡行造作惡業。這是從相對的角度而言。當我們自噩夢中醒來，我們會發現之前看到的我們信以為真的每一件事物，都不在了。無生、無滅，夢中看見的人從來就沒有出生過。從這個角度來看，亦即從勝義諦的角度來看，並沒有正面，或是負面的行為，沒有善行，或是惡行。但是我們仍必須以自己目前的程度來看事情，因此，對我們而言，緣起互依是存在的。

回到鏡子和鏡中映像的例子。如果你的映像真實存在於鏡中的話，你的臉就會一直在鏡中，那麼鏡子就不可能反映出我的臉。但事實上鏡子能夠映照出我的臉，這就表示有緣起互依。亦即從世俗諦的角度而言，我的臉跟鏡子之間有關連，並且因為這個關連而有鏡中的映像。以這樣的方式，整個宇宙沒有一物不依賴著其他的事物。如果有某件不依賴緣起而以自力而有的事物，我們就稱之為「真實」、「堅實」。但我們找不到這樣的東西。這即是當我們說萬法不存在、不真

實的意思了。由於緣起互依的關連性，所以有色法。

【問　題】這個問題有兩部分。第一個部分，似乎我們有多少的清明覺
　　　　　知，我們就有多少的慈悲。換言之，當我們具有更多的覺知
　　　　　力，我們就能夠開展出更多的慈悲，不會將自身的煩惱牽連
　　　　　到他人的身上。因此，我認為慈悲和真正的智慧必須攜手並
　　　　　行。也就是說，在我們尚未清淨自身的煩惱之前，我們是不
　　　　　可能具備「慈悲」一詞最深刻的內涵。因此，我相信智慧與
　　　　　慈悲二者一同成長。此看法正確否？

　　　　　第二個部分的問題是，是否有能夠將他人包括在禪修中的方
　　　　　法？例如，如果我在這間屋子裡禪修，我是否能夠以對其他
　　　　　人的覺知，而將他們包括到我的禪修當中？這是否是個可以
　　　　　讓我們學習慈悲的方法？我指的不是去想著他們，而只是去
　　　　　覺知到他們。

【仁波切】如果我正確瞭解你的所講的，你的所言甚是。但是我可能還
　　　　　未瞭解你所要表達的，所以這裡我會試著把它講得更清楚。
　　　　　如果瞭解到培養對他人慈悲是一件非常有意義的事，那麼這
　　　　　種理解其本身便是清明覺知。由於此二者互依，因此培養這
　　　　　樣的態度是好的。

　　　　　至於你問題的第二部分，很抱歉我不瞭解你所謂的覺知到他
　　　　　人，而非想著他人的意思。除非是一面鏡子和一個映像，否
　　　　　則難以做到。亦即鏡子可以映照，但不去思維。但你身而為
　　　　　人，很難只有覺知而不去想。我不是說這不可能，但對高階
　　　　　的修行人來說，如證悟到了第一個階段的初地菩薩，具備了
　　　　　我們所謂的「無盡的悲心」的人而言，這是有可能的。

【問　題】但對我們而言很難嗎？

【仁波切】我無法替大家回答，因為我無法判斷其他人心清淨的程度。他們可能完全清淨並且程度很高，但是我無法得知。但就我個人目前來說，我自己還做不到這點，因為要做到這一步，必須先獲得無念，之後才有可能做到。因此，在這裡我無法為各位代言，只能為自己發言。

【問　題】今天早上您談到以慈心為嫉妒的對治，與以悲心為瞋恨的對治，來修持訓練自心。這真的有這麼簡單嗎？例如當我在街上走著，感覺到自己的嫉妒，我能夠停止心中這樣的念頭，然後開始有慈心的感覺嗎？到底我們應該要怎麼做？

【仁波切】如果我們已經訓練自己對一切眾生平等地感到悲心的話，那麼基於這個修持的力量，任何會讓我們起瞋恨的，現在反倒會讓我們開展出悲心。無論在街上或人群中，遇到什麼樣會讓我們起瞋恨的人，我們則會對他們生起悲心。就某些程度來說，我們對一切眾生開展悲心，這是因為我們瞭解到一切眾生皆在受苦，並且他們的心受到迷惑。我們對他們生起悲心，希望他們遠離這種痛苦。

就你而言，如果你在街上遇到某個在語言或行為上，非常令人頭痛的人，但你能夠瞭解這個人是有多麼迷惘、困惑。明白了這一點，你不會對這個人生氣，反倒會對他非常同情、非常有悲心。這即是一者如何成為另一者的對治的方式。你愈是對眾生的煩惱有所瞭解，你愈是能夠藉由慈悲的修持而對他們產生更大的悲心。你瞭解到他們心是迷惑的，並且瞭解到他們如何因迷惑而造作惡業。

一般而言，母親愛她的孩子，對嗎？當這個孩子有精神上的問題時，母親會對他更加關愛。因為看見孩子正經歷精神問題的折磨，她會比之前更加疼惜他。即使孩子做出非常奇怪的舉動，母親會瞭解到這是精神問題所導致的，她會試著去尋找更多的方法，來為孩子解困。

同樣地，一旦你已經在禪修中修持過慈心和悲心，當你知道眾生迷惑的心，知道眾生不知如何步上正道時，你就不會有這種憤怒或瞋恨的餘地了。

【問　題】您所講的，是從一個已經能夠降伏憤怒的人的角度來看。但是我是沒有這種訓練的人，當我走在街上，我真的感到生氣。那麼，當我真的生氣了的那個當下，我應該想點別的事情嗎？

【仁波切】這個時候，你就應該打他！（眾笑）

首先，我想要講清楚，我們這裡談的是禪修，因此，我們必須在每一件事情上去修。可以這麼說，我們無法隔夜就變得沒有任何一點的憤怒、瞋恨，或是嫉妒，降伏這些煩惱需要時間。再者，我們必須未雨綢繆，對這種情況做準備。當我們獨自一人，沒有這樣的問題——沒有憤怒、瞋恨，或嫉妒時，我們需要去思維它們。我們應該去思維憤怒、瞋恨，或嫉妒的後果，那麼我們就會瞭解，如果我們爆發出自己的憤怒、瞋恨，或嫉妒時，結果絕對不會是平靜的。結果一定是兩敗俱傷，傷人又傷己，沒有人會真的獲得平靜，或快樂。因此，做為佛法的修學者，我們必須瞭解控制自身惡行的重要性，而其方法便是對惡行所帶來的惡報，一直保持正念警覺。我們這裡談到的主要是憤怒，但是對其他的煩惱來說，方法也是一樣。

因此，如果我們有正念，那麼當我們走在街上發生一些事情時，我們就不會有爆發性的反應。保持正念覺知，我們就知道如何控制自己。如果我們過去沒有修持正念，如果我們沒有透過思維來準備好自己，那麼在憤怒生起的當下就難以自制。這就好像我們的屋頂有漏洞，如果我們不在下雨前就去把它補起來的話，當下起傾盆大雨時，就很難到外面去將它修補好。當然，要補也並非不可能，但我們可能發現試著要補洞時，手邊沒有修補所需的每一樣東西，最後可能以獨自一人嚎啕大哭來收場。因此，最好是未雨綢繆。無論任何時刻都保持正念覺知，這真的是初學者的必修。此外跟它相關的是，我們必須盡最大的能力去修持悲心，試著對一切眾生生起悲心。

【問　題】您提到過歷史記載的佛，亦即我們所知道的釋迦牟尼佛，其實是在出生前就已經成佛了，但您並沒有說釋迦牟尼佛在哪一生、何種情況下成佛的。所以我在想，祂是在哪個過去生，且在什麼樣的情況下成佛的？

【仁波切】這是個很好的問題，但我在回答之前要先問你一個問題。今天是6月9日，陽光普照。但什麼時候太陽第一次開始照耀？

【問　題】我猜根據西方科學，那是在好幾十億年前。我不知道，應該是很久以前。

【仁波切】所以，沒有一個準確的日期或時間？只是個大概？如果這樣的話，那佛陀是在幾千億劫之前就成佛了（眾笑）。也就是說，大概，我們沒有知道的這麼精準。不管是什麼時間，真正實際的是，我們知道太陽早上昇起，晚上落下。這我們絕對都知道。同時，根據西方科學，我們知道是地球繞著太

陽，而不是「太陽」繞著地球轉。但是太陽開始發光，並沒有一個準確的時間。此外，當太陽落下時，這純粹是從我們的觀點而言，太陽實際上並沒有「落下」，太陽仍然在某處發著光，只是沒有照耀著我們。

【問　題】但是的確有佛陀成佛之前的本生傳的故事。例如關於佛陀仍然是菩薩的故事，佛陀成佛後的故事。這是我提出這個問題的原因。如果佛陀一直都是佛，那我們該如何看待這些故事？

【仁波切】這只是從眾生的角度來看。從絕對的層次來看，就佛陀的體性而言，並不存在這樣的問題。只有從我們的觀點來看，太陽於早晨昇起，慢慢地往上爬升，中午時到達中天，最後在它昇起的相反方向落下。然後，我們說：「現在是晚上了。」意思就是太陽在白天移動。但從體性的本質來看，太陽並沒有移動，也沒有昇降。

有時我不瞭解為什麼學生這麼難以瞭解這點。當我們談到相對真理（世俗諦）時，每一個人似乎都這麼想：「每一件事情都是相對的！並沒有絕對真理（勝義諦）！」然後，當我們在談到絕對真理時，每個人又都把相對真理視為是絕對真理。因此，從絕對真理的觀點而言，佛陀沒有做過這些事情，只是從眾生的觀點，眾生所看見的，如佛陀本生傳所記載的內容一樣，這些故事都曾經發生過。

【問　題】對未來佛也是如此嗎？我們說祂們目前是菩薩，但從絕對真理的層次上來看，祂們是否已經是佛？

【仁波切】是的。這就像是知道太陽明天將會昇起一般。你必須瞭解這點，藏文中「今天」的「天」為「尼瑪」（nyima），也就

是「太陽」的意思。當我們說「今天」、「明天」、「第九天」、「第十天」，我們只是在對太陽做不同的命名。對於太陽而言，這些東西其實都不存在。

【問　題】念頭可以是無文字（wordless）的嗎？

【仁波切】念頭不能是無文字的。如果念頭生起，並且被感知到了的話，它就無法是無文字的。但超越念頭則可以是無文字的。

【問　題】在超越念頭時，我們還能夠有對某件事情的覺知嗎？例如孩童不會說話，但能夠執取、貪愛。此外，動物有欲求，但無文字。

【仁波切】孩童和動物不能算無文字，它們只是無法說出那個字，還沒學會那個字。這就像是我不會說英語，並不是任何語言都不存在，只不過是我沒學過罷了。這是沒有能力，而不是沒有文字。假設一個孩童會去抓玩具，但是並不知道這個玩具的名稱。不知道名稱，沒有能力去說出這個字，並不代表孩童沒有文字。

【問　題】您曾經說過，若是無念的話，事情就會清楚，但是孩童對事情並不清楚。如果念頭是文字的話，那麼孩童就不會有念頭。但孩童會有欲望、執著、貪愛。因此，孩童有說話的潛能，但是尚未開發出來。

【仁波切】在藏傳佛教而言，執著是為念頭。當然了，我們可以去清楚分別有好的念頭，以及壞的念頭。我們並不是說念頭是一定是負面的。

【問　題】關於念頭，是否有清淨的念頭，亦即沒有執著的思維。例子便是在禪修中生起的念頭，它可能跟我們沒有什麼關連，並且我們對它也不是很在乎，它就是來了，然後又去了。

【仁波切】這是有可能的。事實上，這即是禪修的要點。禪修時，我們並不是真的是說變得無念，完全沒有念頭。基本上，禪修真正的幫助是什麼？首先，禪修有助於對念頭的安忍。慢慢地，我們會知道沒有必要去思維，或跟隨過去或未來的念頭，並想像它們存在於當下。從這裡開始，我們培養處於當下的狀態，我們會經驗到念頭，但是不去執著，或跟隨念頭，這基本上就是禪修的重點。

【問　題】您提到我們知道每一個人都有愛，因為每一個人都愛自己的孩子。我也在佛書，或是與佛教有關的書籍中讀到，所有的母親都愛自己的孩子。我的問題可能微不足道或不相干，但卻令我感到困擾。因為我看見有不受父母關愛的孩童，他們被痛打、虐待、飽受飢餓之苦。還有我看見孩子也似乎不愛自己的父母。我講的是那些被送進醫院裡的孩童，他們受飢、骨頭被折裂，或是手臂被切斷。這很少見，但的確有發生。

【仁波切】這即是憤怒的力量和後果的一個實際明證、證據。由於憤怒，我們能夠將我們真正愛的人摧毀。有時，一個人會摧毀他自己，這即是憤怒負面後果的證明。我們必須知道自己的憤怒、瞋恨是非常具有殺傷力、很會惹麻煩的。這就是為什麼我們說，自身的瞋恨與嫉妒，是我們一切麻煩的根源。這也就是我們為什麼強調要學習以禪修來控制這種煩惱。當我們無法控制憤怒，讓憤怒爆發出來時，我們會亂丟每一樣視線所及的東西，將東西撕爛，並且可能傷害許多我們之前愛的人，有時甚至會傷害到自己。特別是在修行的初期，我們必須非常謹慎小

心，要注意到控制自己的憤怒有多麼地重要。

一般而言，世界上一切戰爭的痛苦，其實是憤怒與嫉妒所造成的。我們知道每個國家都想建學校、醫療中心以開發自己的國家，照顧病人與長者等，讓自己的人民更幸福。但突然間由於嫉妒的關係，兩個國家開始征戰，憤怒也從中滋生，一個國家將另一個國家花了一百年才打造起來的建設完全摧毀。這即是憤怒的後果。這也就是為什麼憤怒和嫉妒是地球上難題的根源了。

【問　題】把這個問題帶到另一個層次，經常由於我愛（self-love），人會去奪取另一個人的東西；國家則會吝於與另一個國家分享自己已有的，而導致戰爭的發生；或者，人可能只為自己的家人牟取福利，而不照顧任何其他的人。您是否能夠解釋這種我愛跟憤怒生起之間的關係？

【仁波切】在描述對個人的愛和對國家的愛時，你用的是同一個「愛」字。但是對整個國家的愛，比對個人的愛來說更為有效益，因為我們在主要的修持中，強調的是對一切眾生的愛。但去愛一個國家中的所有人民，不足以完全去除憤怒，因為當另一個國家對我們所摯愛的國家與人民宣戰時，憤怒就會生起，我們還可能因此而造作許多的惡行。但若我們對眾生有平等的愛——對人類、動物、鳥、蟲、魚等一視同仁，那麼就沒有眾生會帶給我們麻煩，因為我們平等地愛一切的眾生。

【問　題】愛與悲心是否有差別？

【仁波切】愛或慈心是希望帶給其他眾生快樂的心。慈心是想要給予眾

生任何的快樂，透過幫助他們繁榮、富裕、修行成功等等，帶給他們幸福。因為有慈心，所以在看到他人可能獲得的任何財富時，我們會去隨喜他們的成功，並且，正如之前所討論到的，因為隨喜，我們就不會有嫉妒。

悲心是希望他人能夠由痛苦和挫折中解脫出來。我們想要解脫每一個眾生，令其免於正在經歷的任何痛苦——身體上的、精神上的，以及疾病所帶來的痛苦等等。因此，如我們所討論過的，悲心是憤怒的對治；因為憤怒，我們生起傷害、摧毀他人的念頭。而悲心讓我們想要去除痛苦，救助眾生免於痛苦。因此，悲心是瞋恨的相反，因為相反，所以為其對治。

六度波羅蜜

幫助我們成為圓熟的菩薩。

上好的良田唯有在我們年年勤奮的播種、耕耘下，才能結出上好的果實，也才能有更好的收成。光有良田是不夠的，田地不會自己生出糧食。而且即使今年有好收成，我們可能要更加努力，才可能在明年有同樣好，或是更好的收成。

如此的動機便是大乘佛法的基礎。我們必須在實修上精進，才能夠獲得這樣的成就。下功夫的話，我們就會變得強壯有力像幼獅一般。幼獅一旦成長為獅子後，就會極為勇猛堅強。這裡我們以獅子和幼獅為力量的比喻，是因為佛陀也曾經在教導中這麼用過。佛陀經常被稱為「獅子吼」，但並不真的跟動物有關，而是用來比喻佛陀的威猛和雄力。

為了遵循大乘佛法的實修，我們修持六度波羅蜜。一開始我們有必要加以說明的是，這六度波羅蜜並不是我們向外取得的東西，而是

由我們的自內給予他人的東西。

佈施波羅蜜：四種佈施

第一個波羅蜜是「佈施波羅蜜」，意思當然就是「給予」。佈施可分為四種：「財佈施」、「法佈施」、「無畏施」、以及「慈愛施」。「財佈施」跟身體有關，「法佈施」跟語言有關，「無畏施」跟身、語、意的行為有關，而「慈愛施」跟心有關。

財佈施

我們必須清楚在行財佈施時，自己佈施出去的財物能得到善用。為了救一個飢餓的人而去殺生，這是錯誤的財佈施。給人毒藥或是武器，讓他能夠自殺或殺害他人，這是另一個錯誤財佈施的例子。因此，在行財佈施之前，我們必須非常謹慎地瞭解自己所給予的任何東西是否會得到善用，而不是用來傷害其他的人。明顯地，若是有人向我們要毒藥，那麼他不是用毒藥來自殺，便是用毒藥來殺害其他的人。即便這個人可能需要這個東西，我們也要很小心地以這種方式來判斷，來決定什麼情況下可以給，什麼情況下不可以給。仔細地審查我們所給予的財物會如何被使用、在什麼時候使用，然後如果這個人真的需要它，真的非常貧窮，我們才根據自己的能力來佈施。

世間的佈施與菩薩的佈施有所不同。就世間的佈施來說，我們的確是為了去除痛苦、貧窮、飢餓、疾病而佈施。但是由於我們身處世

間，我們會有期待回報的傾向。我們可能希望接受的人能夠聽從我們而去佈施，可能希望獲得他人的讚美、獲得善心的美名而去佈施。有時我們還可能因為較勁的心而去佈施：「既然她佈施這麼多，那我要比她佈施得還更多。」最後，有時我們佈施不是為了求此生的利益，但是卻會這麼想：「可能因為我佈施所得的功德，我會有個更好的來世（增上生）。」所有帶著這種動機而行的佈施，都是世間的佈施。

菩薩所行的財佈施，雖然也是給予他人物質上的東西，但卻非常地不一樣，菩薩並不會想要獲得回報、沒有任何的期待。當然菩薩在佈施時也會謹慎審查，但是祂不期待獲得名聲、幫助，甚至增上生。此外，菩薩會將任何佈施的功德，迴向給一切眾生的利益。菩薩的佈施不執著、沒有貪著。這就是為何菩薩佈施的方式比較殊勝，並且能夠累積更大的功德。

法佈施

第二種佈施是「法佈施」，將佛法佈施出去。法佈施的施予者，首先必須是本身修行很好，並且修證到了一定的程度有能力教導他人。一旦我們到了一定的程度，有能力帶領他人行於修行的正道時，我們應該要隨時做好幫助他人的準備，以慈心進行法佈施。無論圍繞身邊學生數目的多寡，我們都應該以一顆平靜快樂的心來授教。我們應該樹立這樣的典範；不能因為學生不多，就失望、氣餒，或是生氣。行法佈施時，最重要的是持守自己的菩薩戒，也就是以悲心對待一切眾生，希望我們所說的每一個字，都能夠利益到一切眾生，而甚至只聽到我們所說的一個字，每個眾生也都能培育

出證悟的種子。我們帶著這樣的祈願和悲心來開顯法教。

再次，行法佈施，我們必須先獲得教導他人的能力，之後，我們才講說佛法。做為初學者，你們當中的許多人可能聽到這個很氣餒，你們可能會想：「哦，如果這樣的話，那我就不能行法佈施了。」但是請別氣餒，有許多行法佈施的方法，不只是去教人。例如，各位安排好自己的時間來到這裡，使得這些法教得以開顯。各位花費時間、精力，和金錢來到這裡，這本身就是一種法佈施，因為你這麼做，他人也才有聞法的機會。

我在委內瑞拉有一個學生。我們第一次見面時，她甚至連想都不敢想在她所居住的南美洲，設立一個佛學中心。但是為了要廣傳佛法，讓人們能夠共修並且學習如何去除煩惱，她決定盡自己最大的力量去這麼做。一開始，她可能是全委內瑞拉境內唯一的佛教徒。有一天，她去參加一場服裝秀。主辦這場表演的人，脖子上繫著一條金剛繩[6]。服裝秀一結束，她馬上跟這個人聯絡，發現他也是個佛教徒，曾經受過皈依，並且曾經在印度達蘭薩拉學佛。第一次見面，他們就彼此互擁，還哭了好長一段時間，為各自都曾以為自己是這個城鎮內唯一的佛教徒而惺惺相惜。

接著，他們很努力地一起奮鬥，最後竟然能夠徵集到約三百位的學生。三年後，他們得以邀請我去，而現在我已經拜訪過他們三次了。雖然這三百名學生不住在一起，但是彼此卻都住得很近，所以能夠不時地聚會。他們同樣開始在其他的城鎮成立佛學中心，到最

---

6 英譯註：為喇嘛餽贈的一條紅色的線，用以加持受者。

後全部加起來的學生大約有五百位。所以，即使你或許沒有教授佛法的能力，但卻仍然能夠讓他人接觸到珍貴的佛法，而這種行誼便是法佈施。

與南美洲相較之下，美國真可說是一個佛教的國家（眾笑）。這是因為首先，美國人民的教育普及，再者，佛教傳播到這裡也已經有了相當長的時間。第三點，美國人多次去印度學佛，而佛教在南美洲卻是連聽都沒聽說過。就算那些聽說過佛教的人，也覺得它像是童話故事一般，沒想到它是當今這個時代能夠接觸到的東西。許多南美洲人因為沒有接受教育的機會，所以是不識字的文盲。對他們來說，要瞭解佛教非常困難，但基於他們的信心和虔敬，終究還是培養出了好的修持觀念。

因此，我們可以看到只是藉由少數幾個人的努力，卻給予了許許多多的人學習神聖的佛法的機會。如果我們於此進行深思的話，我們就會瞭解到，比起自己在不明對錯之下去教授佛法，讓他人能夠接觸到佛法，反而是一種更為殊勝的法佈施。這群委內瑞拉的學生後來成立了一個相當正式的中心，邀請世界各地的老師去授課。這即是法佈施的另一個實例。

無畏施

接下來的佈施是「無畏施」。就一種微妙的方式而言，給予衣食也是無畏施。當然，我們能夠給予任何我們能夠佈施的東西，但最好的佈施是自己先好好地修持，然後將佛法施予他人，讓別人能夠淨除他們的染污，這才是永久的幫助。否則，在這個世間上，對於那

些尋求忠告的人施予慧謀，對於那些處於火、水等自然危害的人給予保護，這即是無畏施。任何時候我們能夠讓他人免於恐懼，這即是無畏施。當然，我們在行這樣的佈施時，必須是心甘情願。

慈愛施

第四種佈施是「慈愛施」。我們可能會想，慈愛是我們藉由禪修而培養出的心的一種狀態，那麼：「我們如何行這種慈愛施呢？」當我們愛一個眾生時，我們身、語、意上的每一個行為都會變得誠摯、不造作。當我們和一個慈愛的人在一起時，我們比較容易向這個人傾訴我們的問題，而比較不會去向一個不慈祥的人，或是不願意傾聽我們問題的人訴苦。我們愈是慈愛，別人愈是能夠對我們傾訴他們的問題和恐懼。在瞭解到別人的問題後，我們就能夠按照自己的能力來給予幫助。因此，慈愛施也是我們在行身、語、意上的佈施時的必須。

當我們真誠、開放、悲憫、慈愛時，我們無須去尋找接受我們佈施的人。這樣的機會自然而然會來，就像是小偷不請自來。只要我們有意願行清淨的佈施，就自然會有人來找我們，我們就可以佈施。我們不需要去尋找機會。有竊盜癖的人會一直有一個欲望：偷竊。這種人對自己所看見的每一樣東西都想偷、都想要。同樣地，只要我們有佈施的誠摯動機，我們不用去尋找佈施的對象，他們自然會找上門來。圓滿的佈施是帶著清淨的心來佈施，不期望有任何的回報，並且總是希望自己的行為能夠利益他人，這即是真正的、圓滿的佈施。

圓滿的佈施（或是「佈施波羅蜜」），可以按字面直接翻譯為「到彼岸的佈施」。「波羅蜜」是梵文，意思是「超越」、「到彼岸」。也有不圓滿、不是波羅蜜的佈施，只是基於善良或是好心，但佈施波羅蜜完全是以菩薩的心來行佈施。

行圓滿的佈施不應被理解為不斷地給予，直到自己一文不剩。如果單純地變成一文不剩就算是圓滿的佈施的話，那麼當初所有那些富有的藏人，一切的財產都給共產黨拿去了，他們就可說是行圓滿的佈施了。其實這就發生在我們的英文翻譯秋久‧惹達的父親和家人身上。秋久‧惹達的父親是位政治家。另一方面來說，像我這樣的僧人，沒有什麼財產可以失去的，但若是根據那個標準，便談不上行圓滿的佈施。因此，施行圓滿的佈施超越單純的給予或失去。

持戒波羅蜜

第二度波羅蜜是「持戒波羅蜜」，其中可分為三項。第一是「斷惡行戒」，第二是「行善法戒」，第三是「饒益有情戒」。

「斷惡行」意思是說，為了要能真正幫助他人，我們必須先清淨自己，就像是我們洗手以去除上面所有的塵土。同樣地，為了幫助他人，我們必須捨棄、捨離一切不善的行為。但若我們斷惡行只是為了自利，或是受到某人逼迫的話，那麼它也就會像是不圓滿的佈施般，不是圓滿的持戒。有時我們持守清淨的戒律，為的是獲得名聲和稱揚，有時是礙於壓力而不得不這麼做，並非真的發自內心的意願，這種情況就不是圓滿的持戒。如果我們是為了一切眾生的利益

而持守清淨的戒律，我們的所作所為是為了其他眾生，那麼這即是圓滿的持戒。否則，只要有一丁點的「我」在其中，按照更高階的修持來說，這就不算是圓滿的持戒。

拿看顧羊群的牧羊人為例。每一天早晨，牧羊人會帶著羊群到山上新鮮翠綠的草地上吃草。這個牧羊人本身不吃草（眾笑），他是想到要照顧羊群才這麼做的。而在山上，牧羊人也不能光是坐在那裡打瞌睡，他必須經常看著羊群在那裡，羊群是否安全，附近是否有野狼。到了晚上，牧羊人再把羊群帶回去。這個過程日復一日，週而復始。這種只想到他人福祉的動機，是修持任何波羅蜜（如佈施、持戒等）的必須，而特別在這裡更是如此，因為我們正在講的是斷惡行、實踐善行。我們應該總要這麼去思維：我們的任何行為，都是為了利益他人，而不是為了自己，這即是持戒波羅蜜的開示。

忍辱波羅蜜

第三個波羅蜜是「忍辱波羅蜜」。忍辱波羅蜜也同樣分為三部分。第一部分是「他苦忍」：公開地將他人的痛苦讓自己來承擔，並去接納痛苦。做為初學者，我們沒有能力讓自己去承受他人的痛苦，因此「自他交換」的修持在這裡扮演著一個主要的角色。

第二部分是「信忍」：要有修持佛法的耐心，以及培養對佛法的確信。在修持佛法的過程當中，我們會經歷許多的高低起伏，許多的困難和障礙。雖然我們可能會經歷巨大的痛苦、磨難、障礙，以及困難，我們應該要忍辱，要培養修持必定帶來成就的確信，這被稱

之為「建立、培養對佛法確信的忍辱」。我們應該這麼去思維：任何我們所經歷的痛苦、磨難，以及疾病，都是為了要利益如虛空般廣大的一切眾生，不只是為了自己。若是有著這樣的心態，那麼我們就已經開展出對佛法確信的忍辱了。

第三部分是「違緣忍」：在衝突時不氣餒的忍辱，這種克服一切違逆的忍辱。做為修行者，我們會遇到各式各樣有各種想法的人。有些人可能會說我們的信仰、我們所追隨的，是錯誤的信仰，因此我們將白白浪費修持所付出的時間和精力。我們不應該在遇到這種衝突時，就真的變得氣餒，而我們也不應該輕易受到動搖。也就是說，我們應該知道，因為其他人並不瞭解佛法、也不瞭解我們所做的修持，所以他們可能不同意我們的看法、我們的信仰。因此，我們應該對這個人靈性上的盲目感到悲心，並且繼續進行我們的修持，希望有一天能夠利益、幫助到他人。當然，在這個世界上，我們可能遭遇到比這個更大的困難，但這個是我目前能夠想到的一個例子。

回顧從昨天所講的開示，我們講到處理瞋恨的方式等等，首先我們必須真正的習慣於慈心與悲心的修持，這樣才能夠修持好忍辱。我們應該持守慈心與悲心，不爆發瞋恨與挫折。

精進波羅蜜

接下來是「精進波羅蜜」，意思是說以極大的歡喜心和興趣，自願去行身、語、意上的各種善行。像這樣的人便是具有精進的人。做為初學者，我們沒有那麼多的興趣，而正因為沒有那麼多的興趣，

我們就不會完全獻身於修持，因此有必要具備精進，有必要在培養精進上投注心力。一般而言，缺乏精進代表著我們並不真的瞭解佛法的要旨，以及修持的將來利益。如果我們明白修持的成果以及未來利益的話，我們就會自然而然地生起精進。

第一種精進為「恆常精進」。我們需要精進，但不是一天、兩天的精進，而是有規律、持續的精進。任何我們安排來進行修持和禪修的時間，應該有規律、持續地保持下去。如此的用心會慢慢地引發出我們對修持的興趣。相對地，當我們開始習慣於有規律、持續的精進時，它會變得是我們的一部分，變得愈來愈不費力。雖然我們把精進視為是六度波羅蜜中的一項，但是事實上每一度波羅蜜我們都必須運用到精進，佈施、持戒、忍辱等都要精進。雖然我們將精進分開來討論，但精進卻是隨處必須。

第二種「由虔精進」，是運用虔敬的精進。基本上這種精進是怠惰的對治。運用虔敬的意思是，當我們進行修持時，不要猶豫不前，不要受到怠惰的控制。例如，我們可能有每天做一百個大禮拜的功課。但是在某天，我們覺得不想做一百個大禮拜。為了不受怠惰的控制，我們反而在那天做兩百個大禮拜。若是我們的心一直告訴我們：「不行！我做不了兩百個大禮拜。」那麼我們就不做兩百個大禮拜，而做四百個大禮拜。這即是由虔精進。如果這樣地去修持，我們就能夠克服自己的懶惰，不會疏於修持。否則，我們有一天覺得懶散，這天就不做修持，那麼如果隔天又覺得懶惰，又沒有做修持，那麼這種模式就會這樣繼續下去。

我想告訴各位關於噶當派一個僧人的故事，但在這之前先要說說糌

粑的事情。我們都知道糌粑是西藏的國食，我們藏人經常吃。它是由青稞粉做成的，營養價值很高。傳統上會將它放在一個很堅固的容器內，而這個容器是由很昂貴的布料做成的。這個噶當派的僧人曾經這麼說，在行佈施時，如果我們只有一袋的糌粑，並且猶豫不決地自己是否要把一半的糌粑施捨給窮人時，「不要猶豫！連糌粑的袋子都送給窮人。不只是給袋子裡面的一半糌粑，甚至連袋子也給人。」這即是噶當派在克服猶豫時的菩薩行。

禪定波羅蜜

第五度波羅蜜為「禪定」。禪定的培養始於止的禪修。禪定有兩種：世間的禪定，以及出世間的禪定。

世間止的禪定是在自己的內在建立禪定。修行者先以止的禪修在自己的心中奠定適當的平靜感，接著他會喜愛上這種平靜感，變得執著於這種平靜感，並且會努力地去建立起更進一步的平靜感。所以，喜歡上這種因止的禪修而獲得的平靜感，其結果便是讓我們獲得禪定。但是，這並不會帶領我們獲得完全的解脫，因為我們只是為了自己的利益，並且我們變得執著於這樣的體驗。這種執著於內心的平靜和祥和，其本身就會讓我們再度流轉於輪迴。

出世間的止的禪修的目的，是為了平息自心，去除自己的煩惱，讓我們能夠幫助他人進行同樣的修持——因為他人正帶著煩惱在世間受苦。就是這樣的動機，令這項止的禪修超越世間。

智慧波羅蜜

第六度波羅蜜是「智慧」。智慧波羅蜜分為三部分：聞、思、修。智慧波羅蜜基本上跟之前修行的成果有關。事實上智慧波羅蜜跟前五度波羅蜜密切相關，因為它說明了應該如何進行這些修持。

聞

智慧波羅蜜的第一部分是「聞」。一開始沒有聽聞法教的話，我們就無法真地去進行修持。正如學習任何學科一般，我們必須學習正確的方法。因此對於我們稍早討論到的波羅蜜，我們首先必須學習修持它們的正確方法。

思

智慧波羅蜜的第二部分是「思」。除了學習到正確的修持方法之外，我們應該試著去熟悉並思維所教授的內容。為了獲得對法教與任何修法的確信，我們應該思維學習到的內容，並藉由書籍的研讀來讓自己的知識更為清晰。

修：根、道、果的智慧

聞、思之後，當我們獲得了這種確信時，「修」便是第三個步驟。沒有前面的兩個步驟，我們是無法讓自己真正進入修持的階段。因為不明白修持的方法，也不確定自己做什麼的話，我們是無法進行

修持。在西藏，當我們說某人非常博學多聞，指的並非是他的禪修體驗，而是在聞和思這前兩部分非常精，受到非常多的陶冶。

「修」——獲得禪修的體驗，這就比較微妙了。它不只是很有學問、不只是一名學者。獲得禪修的體驗，在這裡指的是精通自己的所學。因此，在運用聞和思的智慧之後，我們透過修來證悟根本的智慧。根本的智慧指的是瞭解到，我們生活中所經驗的每一件事情，如痛苦、沮喪、困難、恐懼等等，都可以被轉化為智慧。我們知道轉化的方法，並且瞭解到我們自身具備有一切轉化這些痛苦與煩惱為智慧所需要的。同時，我們也瞭解到非常稀奇、非常神聖的佛性，就在自己的身上。透過精進的修持，我們就能夠將煩惱轉化為如花盛綻的智慧，正如一顆種子具備有盛開為花朵的潛能。我們能夠從修中獲得這樣的覺知與根本智慧。

奠定了根本的智慧，亦即根的智慧，接下來的是道的智慧。藉由道的智慧，我們培養出對修持成果的完全確信，從此心中疑問蕩然無存。同樣地，在開始修持止的禪修後，經過一段時日，我們會生起平靜感，並且瞭解到有可能生起更進一步的平靜感、寧靜，和清明。這個時候，我們會感到更為放鬆，對自己的禪修有信心。從剛開始的那一點點平靜，讓我們開展出心的清明，並且奠定內心永久的平靜。一開始我們有的只是一種感覺，其後演變為一種體驗，此體驗繼而在內心穩固屹立。當平靜感透過止的禪修在內心奠基時，我們會逐漸瞭解到自己的瞋恨與嫉妒獲得消滅的程度。我們親眼見到這些結果，在看到這些成果後，我們便有了百分之百的信心，再也不會有疑問。

若有人告訴我們，將兩支乾木材互相摩擦就能生火，但如果我們什

麼都不做，只是把兩支木材放在一起，想看著它們自己生火，那麼我們是絕對看不到的。但是，若是我們摩擦這兩根木材，我們會先看見木材冒煙，然後如果繼續摩擦，我們就會看見一些飛迸而出的火花。若我們還是繼續摩擦木材，最終就能看見火。正如努力不懈地摩擦乾木材，能夠讓我們經驗到柴火，若是我們努力不懈於修持之道，它就能夠引領我們證得智慧。

藉由在智慧之道上的精進，我們就能夠完全了悟所謂「絕對的菩薩」。「絕對的菩薩」相當於「初地的菩薩」，亦即成佛的第一個階段。在這個層次上，沒有任何事情足以動搖我們的體驗，沒有任何事情能夠讓我們的心起疑，因為這時我們的心已然清淨，無所懷疑。這就好比當我吃過糖果後，我知道糖果是甜的。但若有人說糖果是苦的，我就不會相信，因為我已經嘗過糖果的甜味。同樣地，在這個階段，無論有多少眾生試著來改變我們的心意，無論有多少眾生想要讓我們生起煩惱，他們都將枉費心機。因為，這個時候，我們的心已然清明、深信不移。這即是智慧波羅蜜。

佈施波羅蜜的內義與初地菩薩

藉由實踐六度波羅蜜，我們可以獲得初地菩薩的果位。一旦證得了初地菩薩，我們就能夠施行佈施波羅蜜真正的內義。佈施波羅蜜的內義有四點：第一點，我們是帶著關愛、溫柔、不求回報的心，所以我們的動機極度清淨。第二點，我們給予的任何忠告，是以非常溫和、非常慈愛體恤的方式來進行。第三點，我們的一切行為都不帶傲慢、不帶我執。任何的溝通或行為，必須視對方的意向而定。如果對方有興趣，菩薩就給予對他的心有益的幫助；如果對方沒有

興趣，菩薩也不會勉強行之。

第四點，菩薩示現佛法、示現法教。在這個層次上，我們已經開發出傳授佛法的能力，並按照眾生的根器來施予法教。我們不會認為自己高人一等。證得初地菩薩的人不會自誇炫耀，而是非常心平氣和地誇讚他人的功德。菩薩分別按照每個人的根器來開顯法教，給予對個人自心有益的教導，菩薩以這種非常委婉謙遜的方式來開顯法教。

關於如何成為一名圓熟的菩薩，如何去利益幫助他人的內容，到此圓滿。

問答集

【問　題】在精進這方面，我具備恆常精進和由虔精進，還有什麼遺缺
　　　　　的呢？

【仁波切】只有這兩點，不需要有第三點。事實上，精進會有兩種的部
　　　　　分原因，是我們所經驗的過患有兩種。第一種過患是無法持
　　　　　之以恆地每日修持。因此，我們有規律地投注精力在每日的
　　　　　修持上。第二種過患是變得氣餒，對自己是否能夠獲得修法
　　　　　的成就失去信心。為了要激勵自己，我們運用精進，在任何
　　　　　自己的修法上，下更多的功夫。

【問　題】在談到開發我們的智慧時，您談到安坐禪修能夠引領我們朝
　　　　　向道的智慧。安坐禪修是唯一的方法嗎？還是行動中的禪
　　　　　修，例如學習在情緒爆發前的控制，也會有同樣的結果？

【仁波切】基本上，止的禪修被誤譯為安坐禪修。其實止的禪修的藏文
　　　　　為「息內」（shinay），意思是「平息」。只要我們能夠保
　　　　　持一心專注、正念覺知，即使在走路時也是如此的話，這就
　　　　　是止的禪修。我們不一定要坐在地板上禪修才叫止的禪修。
　　　　　再者，就算我們好好地坐在那兒，但心中念頭到處紛飛，這
　　　　　也不是真正的禪修。我們有在禪修與否，取決於我們是否能
　　　　　夠隨處保持一心專注。

【問　題】您是否能為「一心專注」下定義？

【仁波切】這要看是否我們已經獲得了止的禪修的修持口訣。如果已經
　　　　　得到了這樣的口訣的話，對此就不會有問題；如果尚未獲得
　　　　　止的禪修的口訣，那麼就必須去獲得這樣的口訣。

【問　題】您所謂的一心專注式的禪修，是否像是禪宗中的參話頭，例如「單掌拍手的聲音」，或是專注在「牟」（mu）（意思為萬法）字上？就是整天都專注在這樣的聲音或意義上，甚至一直到晚上睡覺前。這樣就能夠培養出一心專注，因為無論行、住、坐、臥，我們都專注在這個話頭上。這就能夠開發出一心專注。據我的瞭解，有成千種不同的話頭，可以讓我們去參，最後能夠開展出超強的專注力。

「單掌拍手的聲音」是話頭，很難想像在參這個話頭時，人會便得跟參話頭完全合一。「牟」是另一個參話頭的例子。「牟」就像是水、像是一切萬法，我們必須深入地專注在「牟」上，使得我們能夠和它合而為一。而且，可能要花上數週、甚至數年的時間，才能了悟它真正的意思。這種想要參悟「單掌拍手的聲音」和「牟」字的意義的專注，帶來某種靈性上的成長，這是禪宗長久來所發展出的培養一心專注的一種方式。當然一定會有許多其他培養一心專注的方法。基本上，安坐禪修似乎是最深刻、最微妙的方法。

【仁波切】其實「單掌拍手的聲音」的意義比你所講的還來得深奧，不只是去持守一心專注而已，它超越文字、無法表達。如果我們試著專注在「單指彈指的聲音」，如果我們去討論它，所下的結論就是不會有聲音。但如果我們去持守這樣一個超越概念的狀態的話，這當然就是一個非常深沉、非常微妙的禪修狀態。再舉另一個例子，它就幾乎像是叫你用自己的眼睛來看自己的眼睛。這並不是要讓各位感到困惑，而是要指出這是一種沒有禪修者、沒有禪修、沒有禪修的對境的狀態。

【問　題】禪修的究竟狀態是光嗎？在獲證禪修的究竟狀態會看見光嗎？

【仁波切】通常我們說它像是一種光。我們透過禪修能夠知曉過去、現在和未來，且牆壁不能對我們的視見形成阻擋。但這種看不是透過眼睛，而是透過內在的智慧來看。通常我們說這是一種光，但是，它是一種更深層次的光，超越光，更像是知曉、預見過去、現在、未來的每一件事情。

【問　題】這是否也考慮到我們能夠從本尊獲得能量、能力等並藉此獲得洞見的事實？

【仁波切】的確，本尊的加持和能量有助於洞見的培養，而洞見如種子般地存在我們的身上。若是將種子埋在土裡，施予灌溉，種子就會成長；反之則無，即使種子就在那兒，我們需要本尊的力量來將它開展。

【問　題】您所說的「智慧」是什麼意思？「智慧」這個詞我們已經聽過幾百次了，但是我想要知道您對它的定義是什麼？

【仁波切】「智慧」在藏文中為「雪樂」（sherab）。「雪」的意思像是知識，如實地知曉每個現象、每個物體，亦即對萬法無誤的瞭解，知道萬法的實相與演變。「樂」意思是最高的、無上的，指的是我們能夠看到、認知到的，甚至超越我們肉眼所能感知到的物體或現象。例如，我們可以看見你物理上的形相。那些獲得「雪樂」——無上智慧的人，不僅能夠看見你的形相，還能知道你的過去、現在和未來。這即是無上智慧中「樂」的涵義。這個人不但能夠知道你做過多少善行和惡行，並且知道你能夠因此而得到什麼樣的果報等等。就這個角度而言，這即是智慧。

【問　題】「方便與智慧雙融」是什麼意思？我經常讀到這個，但就是

無法瞭解。您是否能為我釋疑？

【仁波切】在開顯出他心通（通達一個人內在與外在之所需）的智慧，以及自內在生起無量的悲心後，我們就能夠在這種智慧的幫助下運用善巧方便。由於他心通不僅通達一個人外在的需要，而且瞭解其內在真正的需求，因此我們就能夠運用善巧的方法，去除此人痛苦的根源，這就是為什麼我們稱之為以「智慧」所施行的善巧。

【問　題】我們如何獲得智慧？

【仁波切】我們可以將智慧分為兩種：一般或世間的智慧，以及超凡或無上的智慧——超越世間的智慧。獲得世間智慧的方法有許多，例如進學校學習，在學校裡，我們可以學習到關於世界的知識，並且學會如何瞭解這個世界。學習關於世界上的知識是一般的智慧。它是我們以前沒有，而在後來獲得或培養出來的知識。獲得出世間智慧的方式，類似於我們獲得世間智慧的方式。在這裡我們研究的是佛法、修行等，不但要學習，也要進行修持。藉由修持，我們培養出出世間的智慧。因此，就這方面而言，它與學習世間的學問相當類似。

【問　題】我的問題是關於悲心、憤怒，以及善巧。如果有一個無知，並對自己的無知冥頑不靈的學生，那麼老師基於悲心，可能會對學生發怒並且威脅他，學生因而感到害怕。請問這有用嗎？這算是老師的善巧還是過錯？

【仁波切】你覺得呢？

【問　題】我不知道。我有所懷疑。

【仁波切】我想請問你一個問題，當然這也可以說是給在場所有人的問題。如果你將例子中的人物換成一位母親與她的孩子呢？這個母親非常慈悲，而孩子就像是你說描述的學生一般。這種情況下，這個孩子會有你所說的心態嗎？

【問　題】毫無懷疑母親是對的（眾笑）。我要教導自己的兒子某件事情有多重要。

【仁波切】在運用方便善巧和悲心時，我們必須瞭解自己行為所帶來的究竟結果。我們應該清楚瞭解，悲心的意思不是去寵壞某人。出於悲心，我們可能想要管教這個孩子、學生，或是任何人。如果說我們對他人的管教最終會帶給他們幸福，那麼我們在管教他們的當下，就不能說是沒有悲心，反而由於這個究竟的目的，它就是一個具有悲心的行為。

這就像是昨天所講的醫生和病人的例子。當病人不願意吃藥，有時醫生必須予以強迫。這個醫生可能會請護士或另一個醫生，抓著病人的手，強行將藥物送入他的口中。醫生這麼做，其究竟的目的是為了療癒病人。在這個情況下，身體上的暴力看上去可能是非常不慈悲的，但是如果我們的動機是為了利益他人，那麼這樣的行為就可能是悲憫的表現。另一方面而言，我們可能外表上非常溫柔、看上去很悲憫，但骨子裡卻想欺騙他人，這就不是悲憫的行為。我們行為的悲憫與否，取決於我們的動機是純粹為了利益他人，還是為了個人的獲利。

關於十地的問答

【問　題】關於菩薩戒，我們是否必須是接近或已登初地菩薩後，才能
領受？

【仁波切】一般來說，我們是藉由「五道」——有時亦稱為「十地」，
以獲得菩薩的位階。在說到五道十地時，我們應該要瞭解這
個「地」，它的意思是「像地球」一般，也就是說我們不需
要翻山越嶺、橫渡江河地去獲得這樣的果位。它指的其實是
內在的體悟，自內在的成長。

我們皈依和受菩薩戒時，便是將自己帶上正道，在「資糧
道」上前進了第一步。第二道為「加行道」，指的是我們真
正行於通往證悟的道路。我們可以這麼說，這個時候資糧道
已經與通往證悟的高速公路合併。但是這不代表我們已經抵
達了目的地。遵循著資糧道與加行道的眾生，跟我們一樣是
普通的常人。如果我們繼續在這條正道上走下去，開展我們
之前所談論到的內在智慧和禪修狀態的體驗，那麼我們就會
被稱之為超凡的聖者。

在循序漸進開展內在體驗的過程中，當我們圓滿了佈施波羅
蜜時，就會獲得「初地菩薩」的果位。前六地菩薩的果位分
別對應到六度波羅蜜的圓滿。

第七地是「遠行地」，或是「方便度」。七地菩薩用以度眾
的每種方式都會非常成功，這是因為七地菩薩已經精通方便
善巧，絕無失手之處。

第八地是「不動地」，或是「願度」。名稱如此是因為這個

時候任何我們所願、所希望的，皆能即刻成就。例如如果我們發願活到一百歲，我們就能夠做到；如果我們希望立刻離開這個世界，也可以有這樣的選擇。如果我們要變化出一百個化身，到一百個不同的世界利益眾生，我們也能夠如願以償。

第九地「善慧地」，或是「力度」。名稱之所以為此，是因為這個時候，我們已經有能夠戰勝煩惱與覆障的力量，有點像是居於煩惱之上。困惑與覆障不再阻礙我們的修持和證悟。我們不會感到困惑，也不會受煩惱的牽制而左右不是。因此，我們已經克服了煩惱和覆障。

第十地是「法雲地」，或是「智度」。有些人稱之為「圓滿覺性地」（the perfection of awareness），但是「覺性」只代表了它部分梵文的意思。這個時候其實我們的功德已經完全圓滿地開展出來了，我們已經達到圓滿，無須更進一步的開展，猶如滿月一般。從藏曆的初二到十五，月亮不斷增長、充盈。在十五那天滿月後，就不再增長了。同樣地，我們由初地成長到十地，十地之後就完全圓熟了。

當然這些證悟的階段，跟許多不同的法教有關。這裡我們闡述的是它們與六度波羅蜜之間的關係（事實上，總共有十度波羅蜜）。我們也可以說明如何以不同的方法，來獲得這些果位，例如淨障、發願、累積資糧等等。這樣我們就能夠瞭解，應該如何修持以獲得每一種果位，但是其根本的方法，還在於十度波羅蜜的修持。

那些受過菩薩戒並且處於資糧道與加行道上的人，是普通的一般菩薩。那些居於初地到十地的菩薩，是入聖者之列的超

凡菩薩。第十一地即是「佛果」——圓滿的證悟，而十地菩薩跟佛之間只有此一地間隔的差別。聖者菩薩與佛之間的差別在於：菩薩只有在入禪定時，才能知曉過去、現在、未來三世，而這需要耗費一些力氣；但對佛而言，不需要特意入禪定，不費任何力氣就能夠通達三世。

【問　題】對於六度波羅蜜的修持，通常我們是一次只修一度，還是六度一起修呢？

【仁波切】六度全部融合在一起修。當在行持時，我們會先圓滿較為粗略的，如第一度與第二度波羅蜜，接著才圓滿細微的波羅蜜。這就好像是手中同時抓著六條長短不一的繩子，然後用力去拉它們。這個時候，比較短的繩子會先被拉完，但我們仍然抓著比較長的繩子，一直到全部的繩子都被拉完。同樣地，我們同時修持六度波羅蜜，但是我們先成就的，會是比較粗略的波羅蜜，之後才成就細微的波羅蜜。

初學者會很容易對此產生誤解，但由於各位都是相當高階的修行者，我不怕你們不瞭解，所以敢在這裡這麼講。事實上波羅蜜不需要一度一度地修。當我們在修第一度佈施波羅蜜時，我們即在修持所有的六度波羅蜜。

首先，任何你所給予的，都是佈施。

再者，若是我們給予時，帶著謹慎之心，帶著平靜的心，我們就是以持戒波羅蜜來行佈施。

再來，別人並不一定會感激我們這樣的佈施。或者別人還會來佔我們的便宜、批評或侮辱我們。這個時候，我們如果沒

有發脾氣，繼續以慈心和關愛來進行佈施，那麼我們就是以忍辱波羅蜜來行佈施。

帶著歡喜心來佈施，總是帶著興趣、熱忱，以及開放的胸襟，來期待幫助別人，我們就是以精進波羅蜜來行佈施。

有時我們是在自心散亂的情況下行佈施，這就不是圓滿的佈施。就算是倒一杯茶，如果分心了，茶就會溢出來。我們必須注意杯子、茶水的份量，以及住手的時間。同樣地，帶著正念覺知來行任何佈施，我們就是以禪定波羅蜜來行佈施。

最後，知道如何佈施、瞭解如此佈施後的效果，並且將佈施後的功德予以迴向，這即是智慧。事實上，這個時候，如果我們是一心專注的，那麼我們便同時在修持六度波羅蜜。

【問　題】有時我會在社交場合和別人提到這個寺院和組織，他們會想知道為什麼藏人會如此失去他們的國家。通常我會向他們解釋您有時所說的，這是因政治行為而累積的惡業所致。您是否能夠從歷史的角度來進一步說明？

【仁波切】共業難以用言語來交代清楚，且無法指出這樣的真正證據，但因果不虛，每一個人都必須承受自己過去任何惡行的報應。

我們可以藉由佛陀的故事來對共業有些瞭解。佛陀出生於釋迦族，而釋迦族在當時非常有勢力，是非常聰明、有智慧的民族，精通自衛的武藝。佛陀出生時，有一位國王名為琉璃王，雖然他被稱之為國王，但其實並沒有太多的臣民。這個國王聽說了釋迦族的力量、聰穎和智慧，對釋迦族產生了強烈的瞋恨，他便向釋迦族宣戰。雖然釋迦族有著比他多的軍

隊、更先進的防衛技能，但他卻征服了釋迦族。有些釋迦族的族民具備高度的智慧，並且後來成為佛陀的弟子，雖然這些人曾經試著以神通來讓琉璃王的軍隊看不見自己的國家，但還是行不通，怎麼做也無法獲得成功。

最後，琉璃王帶著他精簡而強勁的軍隊攻佔了整個釋迦族的國家。征戰結束後，甚至佛陀也感到身體上不適——頭痛。當時有五百名釋迦族的婦女被捕，她們的手腳被綑綁在一起。這樣的情況持續了好幾天。突然有一天，其中一位婦女覺得自己已經開展出內在的力量，於是她拉扯身上的鎖鏈，鎖鏈自動鬆開。之後，她告訴她的朋友這麼做，鎖鏈也同樣地從她們的身上鬆開。所有的婦女都變得比之前更為強壯。接著，這五百名強壯的婦女與這些人作戰，收復了釋迦族的國土。

他們問佛陀發生這些事情的原因。佛陀回答，這很簡單。因為這是他們都必須經歷的共同惡業；一旦他們經歷過了這些，並且將共同的惡業消耗殆盡後，他們就會變得比之前更為強壯。

他們接著請示佛陀：釋迦族人是如何獲得這樣共同的惡業？佛陀這麼回答他們：在很久以前，有一個漁夫，他在海中捕到了一條大魚，但自己無法將牠拖上岸。於是漁夫便召喚朋友來幫忙。來自四面八方的男女老少都聚集在一起來拉這條魚。佛陀自己也在那兒，不過他還只是一位小男孩。最後當釋迦族的男女將大魚由水中拉上岸時，大魚發出一聲痛苦的慘叫。當時身為小男孩的佛陀覺得這個噪音很有趣，並且感到很歡喜。對於能夠將大魚拉上岸，每一個人都感到很高興，並且在屠殺了這條魚後，大家都對這樣惡業感到歡喜，

很高興能夠將大魚殺死，這即是導致他們將來失去自己的國家的共同惡業。

講這個故事的用意，是為了幫助回答你所問的入侵西藏的問題，但對於我們藏人的共同惡業，我們並沒有像這樣的解釋。這其實不是非常清楚。藏人非常不同於釋迦族，我們不是很有勢力，也不很聰明，或是有智慧，而釋迦族是非常聰明、有智慧、有力量的民族。另一方面而言，在西藏，每個人有每個人的業力，有些人被中共抓起來而失去了性命；有些人逃跑出來，還能夠過著舒適的生活，例如在美國這樣的生活。因此，失去了我們的國家，這大概是共業，但是這裡面也有個人的業力在起作用。

【問　題】西藏許多世紀以來也累積了善業，不知是否有可能將西藏收復？

【仁波切】這真的要取決於西藏過去所累積的善業是如何迴向的。因此，很難說我們是否能夠重獲自由。但無論如何，西藏是絕對無法再回到從前。那些仍在西藏的藏人，在現在可能比稍早前平靜，生活也比較好，但西藏再也無法跟過去一樣，一切都變了。

【問　題】我有一個關於功德迴向的問題。我不太瞭解這麼做的原因。我曾經去過一間漢傳大乘的寺院，那裡每天都有講經，上課結束後，會唸誦一些祈願文，其中有將功德普皆迴向的願文，而我也養成了在自己修持完後進行迴向的習慣。但是，對我而言，金剛乘的迴向功德似乎是在一個不同的層次，讓我難以有所感覺。有時候我記得，有時我會忘記做迴向，但總覺得自己無法去做迴向。您是否能夠談談這方面？

【仁波切】基本上，大乘佛法迴向的方法和金剛乘迴向的方法沒有差別。（可能之前你沒有來，我們在大手印的課程中曾經講過，進入金剛乘之前有必要先修持大乘佛法。）

你將以下這三點記住，就能善巧地修持並進行迴向。第一點，在修持之前，思維你修持的目的，是為了利益一切的眾生。第二點，在修持當中，無論是在進行觀想，還是其他的練習，要記得你現在所做的，只是為了利益他人而做。最後，第三點，在結行時，迴向一切功德，令所有眾生皆能成佛。只要將此三點謹記於心，你就能夠善巧地遵循大乘佛道，並且在繼續邁入金剛乘的道路上，也不會有困難。

功德迴向非常重要，因為迴向讓我們的功德不至耗盡，即使非常微小的功德也是如此。如果沒有迴向，雖然你累積一樣多的功德，但是它會有耗盡的一天。這就好比是你掌中盛著一滴水，這滴水要不從你的掌中墜落，要不就是乾掉。但是，如果你將這滴水放進大海當中，雖然它仍然是一滴水，但是它就不會耗盡。因此，在每一座法結束後的迴向非常重要。

【問　題】我對迴向三要點中的第二點有問題。當我禪修時，目的是要讓自己放鬆、少煩惱，然後以此為出發點，再回去面對我的朋友和其他的人。但我是為自己，也為他人修持。迴向的第二個要點只包括別人，不包括自己在內嗎？我想要的動機是涵蓋每一個人，包括我自己，也包括他人。

【仁波切】我能瞭解你可能有的猶疑，認為做這樣的功德迴向後，可能會失去自己得到的平靜與祥和。但事實上，你絕對不會失去這些。你必須瞭解「為了一切眾生的利益」這句話的意思：既然你是一介生靈，你就包括在這裡面（眾笑）。如果我有

一個蛋糕，並且我想要跟這裡的每一個人分享，我自己也會吃到一些蛋糕（眾笑）。這是個好問題。當然，你理應澄清自己的疑問。

【問　題】我聽說在西藏，基礎的修持事實上是從一開始就進行的。如果真是如此，這是否代表一般西方人比較散亂、迷惑，所以比較難以入道？

【仁波切】不是。美國人並沒有比西藏人更迷惑。事實上，美國人太聰明了，自己並因此而製造了很多的散亂源，美國比西藏有更多令人分心的事物。許多藏人不需要止的禪修的原因，是因為他們比較笨、沒有創意。因此，若你叫一個藏人一心專注，他就做得到。這是真的，在西藏，沒有什麼會讓人分心的散亂源，所以對僧人或修行者而言，修持時比較容易一心專注。但即使在西藏，我們會讓年紀比較小的學生做止的禪修，小孩子的心總是飄浮不定、容易分心，並且會生起很多的念頭。

【問　題】您認為這對西方人比較難嗎？

【仁波切】最難的是控制散亂源，一旦能夠控制它，就不會是真的困難。這裡視教育為最重要的事情，藉由教育，大家也能夠去通達其他的法教。但是在西方，控制自心似乎相當困難。

【問　題】我不知道該怎麼問這個問題。剛才在討論入侵西藏的問題時，我一直在想西藏那些非常善良的人、佛教徒等，他們就這樣受到世界惡勢力的侵佔。這樣的事情似乎是層出不窮，好人因為是好人，所以總是被殺。為什麼會這樣呢？在此善惡的交戰中，究竟天理何在？

【仁波切】我也在想為什麼。可能顯然地，我們每一個人都有開展慈悲的能力，並且同時，我們每一個人也有能力開展足以將大家摧毀的瞋恨。每一個人都同時有慈悲助人的能力，以及瞋恨毀人的能力。

【問　題】在科學和哲學中，處處可見這種善惡交戰的示現，善的力量想要戰勝邪惡，而惡的力量想要克服善良。可能沒有人可以回答這個問題，或許成佛後，可能就會明白了。

【仁波切】這取決於個人。如果每一個人非常精進地修持，他們就能夠克服這樣的事情。他們能夠解脫自己。但就整體而言，這就很難說了。

【問　題】聽我的一位朋友說，很多西藏的在家人接受四不共加行的口傳，但開始修持後卻從來沒有完成它。這是真的嗎？

【翻譯秋久・惹達】你眼前就是一個例子。我十三歲時就開始修持四不共加行，一直到現在還在掙扎。

【問　題】他說，他們不怕開始修四不共加行，但往往因工作或是其他事情而沒有完成。

【仁波切】這是真的。雖然西藏以精神的修持而著稱，但不能說在西藏的每一個人都是修行人、喇嘛，或是成就者。這就像是在教育機會很多的美國，但仍然有人沒有完成學業、輟學一樣，因為有其他更多的機會；但也有很多完成學位的人。同樣地，在西藏精神修持的機會也很多，相對而言，完成修持的人比沒有完成修持的人來得多。的確，有些人中斷他們四不共加行的修持是真的。

234

【第五堂課】

自律的練習課：菩薩戒與七支供養

法脈傳承與七支供養

為了傳遞清淨、無垢的菩薩戒，上師和弟子都須具備功德。

各位今天來到這裡希望獲得菩薩戒，因此，身為一個老師，我必須讓你們清楚菩薩戒是什麼，怎麼領受，並且如何在未來，清淨地持守這些戒律。如果老師沒有解釋如何領受、如何持守這些戒律，也沒有正確地解釋菩提心的功德和如何培養的話，那麼學生是不會知道如何領受菩薩戒，以及如何保持菩薩戒的清淨。只是受了戒而不明就裡的學生，可能就會在無意義的不當行為、惡行下，而毀壞了戒律。為了防範此事的發生，為了向各位解釋清楚如何清淨地受持，並且為了去除不知如何如法持守菩薩戒的無明，我將會在今天對它進行說明。

要解釋菩提心、菩提心的珍貴稀有，以及菩提心所有的兩百二十五種面向，我們可能要花上一個月的時間。今天我們不會討論太多菩提心的功德特質、它的珍貴稀有，因為我們無法在一天當中講到這麼多的內容。

法脈的傳承

菩薩戒是由圓滿證悟者釋迦牟尼佛，傳給獲得菩薩最高位階的大菩薩——文殊菩薩與彌勒菩薩。之後，文殊菩薩與彌勒菩薩，將菩薩戒傳給了證悟極高的無著菩薩和龍樹菩薩。領受菩薩戒時，無著菩薩已證得了四地菩薩，而龍樹菩薩已證得了初地菩薩。自此以降，直至今日，這個菩薩戒以清淨的方式，代代相傳，從圓滿證悟的人，傳遞給獲得最高菩薩位階的其他人。

這個週末要傳授的菩薩戒來自於文殊菩薩的傳承，藏文稱為「贊默達微舉」（zabmo taway gyu），意思是「分析式傳遞的甚深傳承」（the profound tradition of the analytical transmission）。此法脈由文殊菩薩傳到龍樹菩薩，再由龍樹菩薩下傳至其他獲得極高證悟的大師，如帝洛巴、那洛巴、馬爾巴、密勒日巴、噶瑪巴等，他們是登地以上的菩薩，從初地、二地，一直到十地。由於獲得這個口傳的，都是具有極高證悟的大師，因此我們說這個口傳清淨、無染，並且殊勝。當金子受到熔化，其中的雜質被剔出之後，金子就是純淨的。同樣地，這個戒的法脈是由高證量的大師傳遞給其他高證量的大師，所以它是清淨、無染的法脈，被譽為「黃金珠鏈的傳承」，或是「無謬、無染、清淨的傳承」。

上師必須具備的功德

因此，為了傳遞這個清淨、無垢的菩薩戒，上師和弟子都必須具備某種功德。首先，這個上師必須是從一位具格的老師處，得到這個法。再者，這個上師從純正、已經證悟的人的身上獲得這個戒後，

他必須一直持守著這個菩薩戒，沒有完全放棄或損毀這個戒律。第三點，這個上師必須具備能夠授予弟子這個口傳智慧的力量。如果上師缺乏授予這個口傳所需的智慧力量，他就不能傳授這個戒。最後一點，具備了之前的前三點功德後，這個上師還必須具備極大的悲心——藉由傳授這個口傳來利他的心。上師的心中必須有慈心和悲心，這個他才能夠如法地給予口傳。

弟子必須具備的功德

講完了授戒的上師必須具備的功德之後，接著是受戒的弟子必須具備的功德。首先，這個弟子必須對佛、法、僧三寶有信心。若是對三寶沒有信心，就不具備開展或培養菩提心的基礎。因此，信仰、信心、信任是第一個要點。

第二點，弟子對菩薩戒，應當有如病人渴望醫治、口渴的人渴望得水般地渴求。我們應該如此地來渴求菩薩戒。如果無心於獲得菩薩戒，那麼就無法培養菩提心，因為缺乏必要的欲求。

第三點，如果不瞭解什麼是菩提心，以及其功德和利益的話，我們便無法珍視它。藉由學習菩提心的功德利益，我們學會珍視並尊敬它、重視它。弟子必須對菩提心、菩薩行、大乘的行持有著這樣的敬重，也必須對大乘的修持具備虔敬。

最後，除了之前所提到的幾點——具備信心、渴望、瞭解其功德利益之外，若是在受菩薩戒時，沒有以一切眾生為念的話，我們的祈願就不算圓滿。這個弟子應該要有藉由身、語、意上的修持，來解

脱並利益一切眾生的願望。我們必須栽培令眾生從痛苦中解脫，並使他們能夠獲得究竟證悟佛果的種子。那些想要受菩薩戒的人心中，必須要有這樣的動機。

就我們先前所談到的內容，傳授菩薩戒的上師，與領受菩薩戒的弟子，必須具有的功德，這在我們現代的社會中是非常稀有的。就我個人而言，我連部分傳法上師該有的四種功德也沒有。同樣地，在現代社會中，弟子可能也沒有我們剛才所講的必備功德。雖然我不具備這些功德，但是我的上師第十六世大寶法王噶瑪巴，確實在口頭上開許我傳授菩薩戒。

我們活在一個不同的世代、一個不一樣的時代。現在不是去評判上師或弟子功德的時候，我們反而應該在佛法本身的基礎上去做評判。當我們說我們該在佛法的基礎上去評斷，而不是在上師或弟子的基礎上去評斷時，意思是說我們應該要對之前開示過的培養菩提心的利益，具有信心和信任。我們應該確信並信任受菩薩戒的利益，以及佛法由釋迦牟尼佛以來，從未間斷地一直傳衍到今天。

正如我們所知，黃金非常珍貴。如果有人給我們一些堅實的純金，並且告訴我們這是不含雜質完全純淨的黃金時，我們其實不是那麼關心是誰給我們的，授予者在這裡並不重要。知道我們獲得的是堅實的純金，這點——非常重要。同樣地，知道這個菩薩戒的口傳具有很大的利益，並且是清淨的口傳——而非授予者——才是要點。因此，我希望僅在相信此戒的清淨與珍貴下，各位都能夠受戒。

累積功德與七支供養

過去一切菩薩，都是藉由積聚功德，方獲得最高的證悟。

如何培養菩提心

若要在一個容器中注入乾淨的液體，但如果容器本身不乾淨、裡面有污垢或毒物的話，我們所挹注的純淨液體就會變得不純淨。因此，在倒入液體之前，我們必須先潔淨容器。同樣地，該怎麼做，才能讓自己成為珍貴菩薩戒的完美領受者呢？基本上有兩點必備的因素；第一點，我們要有聽聞領受的能力，這裡特別是指開展、培養的能力。第二點是要去除阻礙我們修持的障礙或覆障。因此，我們必須去除阻礙我們開展、培養的障礙，並且獲得能夠開展、開顯我們自身的能力，就是這兩件事情。

開展我們自心菩提心的正確過程，就像是在地裡栽種種子一般。當我們種下種子之後，它需要很多的條件才能成長；它所種植的土地

必須很肥沃；再者，種子需要水和溫熱才能生長；具備了這三樣東西後，種子便能生長，最後開花結果。由具格的上師處獲得菩薩戒，就像是種子成長所需的溫熱，功德的累積就像是能夠讓種子長得又快又好的肥料，心中悲心的培養就像是種子成長所需的水分。

因此，為了讓菩提心能夠於自身中成長，首先我們必須累積功德。累積了功德之後，我們必須帶著廣大的悲心，將功德迴向給眾生，將一切功德迴向給所有的眾生，希望能將他們從輪迴的痛苦中解脫出來，並帶領他們朝向圓滿完全的證悟解脫。我們必須瞭解，過去的一切菩薩，同樣都是藉由積聚功德，累積廣大、深刻、無量的功德，才能有如高度證悟的大師們那樣的證量。在積聚這樣的功德後，才能獲得最高的證悟。

一、禮敬支

累積功德的方法有許多。例如我們即將在這次開示中談到的七支供養，主要講的便是如何累積功德。其中，第一支供養是以我們的身、語、意，來向諸佛菩薩禮敬，以表達我們的虔敬。

在談到七支供養時，禮敬諸佛是與其他的六支分開來談，在這樣的分類下，它被稱為第一支供養。但事實上，禮敬支並非真的跟其他的供養支分開。也就是說，當我們獻供時，我們會先行禮拜再獻供；當我們懺悔時，我們會先行禮拜再懺悔；當我們敦請證悟者轉法輪時，我們先行禮拜再敦請；當我們勸請證悟者不入涅槃時，我們先行禮拜再勸請。如此，禮敬供養支是為其他供養支的一部分，但在談到七支供養時，我們將禮敬支分開來談，而將它安排為七支

供養中的第一支。

二、供養支

七支供養的第二支是供養支。在眾多的供養方式中，它是藉由物質上的供養、身體行為上的供養，以及意念上的供養，來累積功德。

以物質來行供養

就物質上的供養來累積功德而言，如果是富裕的供養者，可以透過供養證悟的修行者，如證悟者、佛陀、如來等，加以累積功德。例如，過去有一位非常有錢的人，他以自己的財富為如來建造了一百萬所佛寺和佛學院。由於這一百萬所寺院的供養，他累積了無量無邊的功德，並且獲得了菩薩的果位。同樣地，我們可以依照自己的能力來行物質上的供養。按照一己之力來供養佛陀或其他證悟的大師，我們就能夠累積功德。因此，這就是以物質上的供養來累積功德。

以觀想來行供養

如果我們無法負擔起任何物質上的供養，那麼累積功德的方式便是行意念上的供養，例如供養整個宇宙、日月等等。在佛教的傳統中，有所謂的須彌山、四大洲、八小洲，以及天界等，我們可以透過意念，將這些供養給諸佛菩薩。我們可以想像整個天空、一切虛空界都充滿了花朵，然後將這些供養給諸佛菩薩；這是一些意念供養的例子。做這樣的供養，我們能夠獲得功德，而功德是開展自身菩提心的必備。

我們意念所想像的任何珍貴之物，無論它是人界或是其他界的寶物，我們都不執著，並一心專注地將它們供養給菩薩。這麼做後，我們將功德迴向利益一切眾生。這裡所謂「利益一切眾生」，意思是我們希望解脫眾生輪迴的痛苦，並帶領他們朝向圓滿證悟的果位。以這樣的方式，我們便能夠進行意念上、觀想上的供養，同樣能夠累積功德，讓我們獲得菩薩的成就。

各位可能會這麼想：「因為貧窮，我可能無法獲得這麼高的證悟。」但領受菩薩戒的能力，以及獲得菩薩的證悟，並非是有錢人的專利。一個貧窮而無法行物質上供養的人，仍然可以只透過意念上的供養，以及自己能力範圍內的任何供養，來領受菩薩戒，並獲得菩薩的證悟。

過去有一位名為「如來烏作」（Tathagata ötro）的人，自一位名為「如來烏泰耶」佛（Tathagata Ö Thaye）處領受菩薩戒。如來烏作是個非常貧窮的乞丐，在受菩薩戒時，實在沒有什麼物質上的東西可以供養，於是他便燒了一些能找得到的乾稻草，然後想像自己燒的是香或燈燭。如此這般，他光靠著自己的想像力，便得以進行供養，而這個供養的功德，也就足以讓他獲得菩薩的證悟。

比如這麼說，即使我們連燒乾稻草的份兒也沒有，但藉由身體上的供養，我們仍可以領受菩薩戒，並且獲得如菩薩的證悟。我們可以將自己的身體供養給諸佛菩薩，並且不只是在此生，而是在所有的未來生皆是如此，祈求如來的加持、助力，讓我們的工作和身體上的行為，能夠有助於眾生的解脫。例如，過去有個名叫「雲添‧知殿」（Yonten Triden）的人，他自「寧定如來」（Tathagatha Nyingding）處領受菩薩戒。他非常貧窮，無法給予任何物質上的

供養，於是他便行禮拜供養，藉由禮拜的功德，他便能夠領受菩薩戒，並且證得菩薩的果位。

我們供養的目的，是為了令諸佛菩薩歡喜，讓祂們心滿意足。但是當我們供養這些清淨的物品，如全宇宙、日、月、星辰等，我們並非真正能讓諸佛菩薩滿意，因為祂們沒有任何的執著。在一位證悟者、菩薩的眼中，金沙跟在地上的塵沙沒有兩樣，因為祂們業已超越了執著。同樣地，對這樣的人來說，沒有什麼金沙是珍貴的，也沒有什麼塵沙是不珍貴的。因此，供養清淨或珍貴的物品，如黃金等，我們並不是真的能讓高度證悟者歡喜或滿意，但這麼做，不過是讓自己累積一點功德罷了。

以修持佛法來行供養

如果是這樣的話，我們怎麼才能夠真正讓高度證悟者歡喜呢？修持正法並獲得成就，讓自己能夠行法佈施，並且以這樣的方式來利益眾生。證悟者、諸佛菩薩們唯一的目的是利生，所以我們若是能夠利生，我們就能夠令祂們歡喜。如果我們能夠學習如何培養利他的動機、持守菩薩戒、修持佛法、並且教導他人如何修持佛法，這就能夠讓證悟者歡喜與滿意。因此，我們身體行為上的供養，如以修持佛法為供養，是我們能夠供養給證悟者與諸佛菩薩們最好的供養。

以空正見來行供養

雖然我們剛才講過，以修持佛法為供養，是能夠讓證悟者滿意歡喜的一項供養，但是一切供養中最殊勝、無上的供養，則是瞭解到萬

法不具本俱的存在，萬法並不實有、堅實。如果我們相信萬法沒有本俱的存在，並且安住於空性中，這即是我們所能夠做的最殊勝的供養。這是因為如果我們的心，能夠安住於空性當中，那麼心就由惑的狀態，轉變為不惑的狀態，將真實的視為是真實的，而不同於我們之前將真實視為不真實、將不真實視為真實的迷惑狀態，這即是此認知為最殊勝的供養的原因。

三、懺悔支

懺悔的四力

為了能持守菩薩戒，我們必須懺悔過去所累積的一切惡行或惡業。我們累積了許多身、語、意上的惡行，因此若是不懺悔，我們即有如內含毒藥的容器般不清淨，即使我們將純淨的東西注入這個容器，但放入這個容器的任何純淨之物，都會與容器內的毒藥混合在一起，而變得不純淨。因此，為了維持我們即將放入容器中物品的純淨，這個容器本身實際上必須清淨無毒。同樣地，由於我們是容器——是此戒的領受者，我們必須藉由懺悔來清淨自身的惡業。

我們一切的不幸、負面的經驗、逆緣、痛苦，皆是源於我們的惡行、惡業。由於沒有一個人願意受這種苦，我們可以瞭解到造惡沒有真正的利益，而惡業沒有任何的功德。惡業唯一有的好處是，若是我們懺悔自身的惡行，由內心深處發露懺悔，那麼惡業就能被淨除。

為了做此懺悔，我們需要運用懺悔的四種力量。第一種是「依止力」，也就是我們對其有信心的懺悔對境。我們觀想在面前自身頂

上開闊的虛空中，有無數的佛菩薩，祂們像是濃密的雲朵，有如樹木所覆蓋的濃密森林般，將空間完全覆蓋起來。由於諸佛菩薩業已獲得了遍知的能力，並且已開展出完全的智慧，所以我們是可以這樣地來觀想祂們，祈請祂們由淨土中降臨。這樣地觀想諸佛菩薩後，我們由內心深處發露懺悔自己身、語、意上的任何罪業，並且向祂們懺悔自己今生所造的惡行。

第二種力量是「出罪力」，也就是接受我們所犯的錯誤、過失。我們與其他眾生，受貪、瞋、癡煩惱的驅使，所造作的身、語、意上的行為，皆是不淨的。在貪、瞋、癡力量的牽引下，我們的所做所為皆是謬誤的，且會帶領我們進一步經歷痛苦、挫折、不安與不和。承認我們造下的這些惡行與其背後的三毒是錯誤的，這即是「出罪力」。

要記得自己於此生所造的每一項惡行已相當困難，更何況是要記得自己在過去生所造的惡行。但這裡需要的是，去認知到藉由貪、瞋、癡，我們的過去生與此生累積了無量的罪業。我們不需要完全精準地記得每一件事情，而是瞭解並接受我們累積了如此多的惡業，瞭解並接受自己身、語、意上的惡行對他人的傷害，並且為之懺悔。接受這些事情的本身，即為懺悔的第二種力量。

這就有點像是有毒的食物，我們知道它有毒後，就不會再去吃它，不會再去碰觸它。我們因惡念所造的惡行，就像是有毒的食物，會讓我們與其他眾生受到更多的痛苦。接受我們的惡行及其惡果，是為懺悔的第二種力量；而依止力的信心是第一種力量。

懺悔的第三種力量是「對治力」，運用對治來完全斷除惡業，完全

斷除造作惡業。這部分在〈三十五佛懺悔文〉中有文字的說明。在此懺悔文中，我們祈求高度證悟者淨除我們的惡業、煩惱，以及障礙。正如我們使用清潔劑來淨除污垢，我們藉由這個懺悔文來完全淨除罪障。若是我們能夠正確地運用此對治法——此懺悔文的唸誦，那麼我們過去所累積的任何惡業，即能在受我們懺悔的證悟者加持下，獲得淨除。若我們相信祂們就在自己的面前，並且從內心深處懺悔任何自己所做的惡行，沒有任何惡業，不能以此對治法來淨除。

例如，在釋迦牟尼佛的時代，有一個名為「央掘魔羅」（Sormu Trengwa）的人，他的名字的意思可以大致翻譯為「指鬘」，他是因為下述的故事而獲得此名。他遇到一位貽誤他人的老師。這個老師並沒有證悟，但為了誤導他，便告訴他去殺害一千個人。在將他們謀害後，這個老師還進一步地告訴他，去將他們的手指砍下，做成一個花環、項鏈，戴在自己的脖子上。由於他的脖子上戴了這樣的人指項鏈，因此被稱為「指鬘」。

基於對上師的信任，他果真出去殺了九百九十九個人。由於他殺了這麼多人，當人們聽到他在附近時，大家都躲得遠遠的，因此他無法找到一個可以加害的人，以達到這個老師所要求的一千人總數。就在很鬱悶的當下，他想到可以殺害在自己身邊的母親。釋迦牟尼佛以神通力知道了此事，便來到了他家附近。央掘魔羅看到外面有一位普通的僧人，便追著這位其實是佛陀的僧人，覺得殺害這個僧人比殺害自己的母親來得好。

雖然佛陀看上去走得很慢，但央掘魔羅跑得愈快，佛陀就以神通力走得比他更快，就在他們競走的同時，佛陀給予他開示，他一邊追趕著佛陀，一邊聽著佛陀講解惡業的道理等等。他不僅追不上佛陀，最終

還瞭解到自己所做的一切惡行，於是便倒在地上懺悔自己的惡業。這個時候，佛陀回過頭來接受他的懺悔。他對自己過去惡行的悔恨是如此地強烈，以至於自此以後，他專心一意地修持，不僅清淨了殺害九百九十九個人的惡業，還即生證得了阿羅漢的果位。

類似的故事發生在一個叫做「得給」（De Gyed）的人的身上。弒父、弒母跟殺一位菩薩、殺自己的老師一樣，都會累積最嚴重的惡業。得給犯了弒母的惡行，瞭解到自己所造的惡行是一件滔天大罪，但不知道什麼方法能夠淨罪，他便從家中逃跑。他經常受到自己所犯下的無量、無際惡業的這個念頭折磨，他從一個地方到另一個地方，但也沒有真正找到能夠淨除弒母惡業的方法。

一天，他行經一所寺院，聽聞到僧人正唸誦祈願文中的一段內容，其中提到任何積累的惡業都可以藉由懺悔來淨除。聽到這個，他鬆了一口氣，便找了其中一位僧人懺悔自己的惡行。這個僧人教導他正確懺悔和淨罪的方法，給了他正確的對治法。帶著悔恨，他一心專注，精進地修持，最後如前述故事中的主角一樣，獲得了阿羅漢的果位。

另外一個故事是有一個人殺了自己的父親，而他的父親是一位具足比丘戒的人。這個人覺得極度地不安，因為他知道自己造的不僅是弒父的無量惡業，更糟糕的是他的父親還是一位具足比丘戒的僧人。但再次地，因為他獲得了懺悔的正確方法，他運用了這個方法，並且同樣獲得了阿羅漢的果位。

因此，無論一個人過去造下了如何大的惡業，如果真心懺悔，運用正確的對治法，那麼過去的惡業就能淨除。這就像是在堆積如山的

乾草上，點燃一株小小的火苗，整座山的乾草都會被那小小的火苗完全燒盡。同樣地，如果我們真心後悔、懺悔，並且運用正確的對治法，我們所累積的一切惡業——不僅是今生所累積的，並且還包括我們過去無量劫所累積的惡業，都能夠獲得淨除。而為了完全淨除惡業，我們要運用懺悔的四力。

懺悔的第四種力是「誓不再犯力」，這是最難的一個懺悔力。對個人來說，前三力可能相當容易——建立一個我們向祂進行懺悔的基礎（依止力），接受我們的過失、錯誤（出罪力），以及懺悔本身（對治力）。但是，除此之外，我們還必須發誓將來不犯同樣的錯誤。這就好像是我們吃了有毒的食物，並因此而受了很多的苦，幾乎喪失了性命，在醫生的幫助下，才將毒性從體內淨除。恢復健康後，因為經歷過那樣的痛苦，我們知道自己不會再去碰那樣的毒物。同樣地，我們在懺悔之後，應該也要有這種不再重蹈覆轍的強烈動機或感受。

如果運用懺悔的四力，就沒有不能淨除的罪業。我們之所以無法淨除自己的惡業，是因為無知，不知道如何運用這些方法，或是可能不把這四力當一回事等等。只要認真地運用四力，那麼絕對不會有無法清淨的罪業。

為什麼這第四力這麼重要？發誓不再造作同樣的惡行的重要性，可以透過下面的比喻來說明。在栽種任何蔬果之前，必須先鬆土，接著施肥，把肥料放到土裡。在肥料的幫助下，再加上足夠的熱度和細心的照料，種子便開始成長。但如果沒有在四周圍上堅固的柵欄，任何動物都可以來吃，一些野生的小動物，像兔子等，可能會將這個植物或蔬菜弄壞。因此，為了保護這棵植物或種子，我們必

須在周圍架設堅固的柵欄，而這個柵欄就相當於第四力，「誓不再犯力」就像是架設柵欄來保護成長中的植物。

四、隨喜支

總的來說，七支供養是累積功德的方法。第二支廣修供養，如我們之前討論到的，是實際上進行供養。而現在我們已經講完了懺悔的方法，亦即七支供養中的第三支，懺悔自己身、語、意上的惡行，其目的在於清淨自身。

第四支供養是隨喜支，隨喜一切眾生的善行、成功和幸福，不帶任何的嫉妒。在看到菩薩行持菩薩的行為時，我們隨喜他。在看到跟我們同等程度的人進入菩薩道時，我們隨喜此善舉。我們也隨喜聲聞和緣覺的行誼，並且隨喜一般眾生的成功、快樂與幸福等。因此，我們隨喜他人的一切善行、成功與幸福。如果我們不帶嫉妒地以清淨的心來隨喜他們，那麼我們的功德便等同於這些實際修善之人的功德。

在另一場開示中，我講了薩嘉國王（Saljal）的故事。雖然你們大部分已經聽過了，但因為有些新來的朋友，所以為了他們，我想把這個故事再講一次，這個故事的重點在說明隨喜他人的功德有多麼地重要。

在釋迦牟尼佛的時代，有一位非常富裕、非常有權勢的薩嘉國王。由於他非常有錢，他邀請釋迦牟尼佛和其隨行的數萬名弟子進行一場特殊的修法，這個國王會提供他們四十九天的飲食和招待。這是

印度首次有人有能力，在這麼長的時間內同時招待佛陀與祂數萬名的弟子。當時皇宮外也住有許多的乞丐，他們等著分到會眾吃剩下的食物。當這四十九天修法接近尾聲時，佛陀坐在高高的法座上，在國王、皇后，與萬名的弟子面前，正準備將這四十九天來修法的功德迴向時，這個國王自忖：「我是最有力量、最有錢的國王，有能力供養佛陀與其數萬名弟子，我相信佛陀和他的弟子會將功德迴向給我。先是以功德主的名義迴向給我，接著迴向給我的皇后。」皇后自己也想：「佛陀和他的弟子會將功德先迴向給我的丈夫，然後我是第二。或者說不定我是第一，我的丈夫是第二。」國王與皇后是這麼想的。

但當佛陀與菩薩們實際迴向功德時，他們首先將功德迴向給門外的一個乞丐老婆婆，然後才是國王、皇后，以及其他的人。佛陀跟他所有的菩薩、所有的隨侍和弟子們，竟然將功德迴向給外面的乞丐老婆婆，國王不明白這樣的事情怎麼可能發生。因此，國王便問佛陀，為什麼這個乞丐老婆婆的名字，在他和皇后名字的前面。佛陀回答：「你四十九天供養我和我的數萬弟子，外面的這個乞丐老婆婆有感於你的善行，而隨喜你的功德。她隨喜你的善行、你能夠供養我們的能力，並且祈願：『願我們的國王在未來仍然有這樣的力量，並且還有許許多多更大的力量，以招待證悟者及其弟子。』因為她以誠摯的心，如此來隨喜，所以她的功德比您招待我們四十九的功德還要大。因為她的心比較清淨，故我先將功德迴向給她。」在這裡我們必須瞭解，除了其他的善行外，隨喜也是累積功德一項非常重要的方法。

五、請轉法輪支

第五支是祈請證悟者轉動法輪。十方世界有許多尚未開顯佛法、沒有轉動法輪的諸佛菩薩。祂們之所以沒有轉動法輪的原因，當中有部分是因為我們自身對佛法缺乏興趣，我們沒有向祂們請法。第五支便是祈請證悟者、菩薩們為了一切眾生的利益之故，而轉動法輪。當我們這麼祈請時，諸佛菩薩聽聞到我們的懇求，便會開顯佛法，這是基於我們對佛法的熱誠。由於諸佛菩薩的開示能夠利益無數的眾生，因此我們向祂們請法能夠累積功德。

釋迦牟尼佛在獲得圓滿正覺後，有四十九天的時間保持緘默，期間天界的眾生與梵天，請求佛陀為一切眾生的利益而轉法輪。接受他們的請求後，佛陀便開顯其甚深微妙的大法。同樣地，我們必須祈請證悟者為了輪迴中受苦的眾生而轉法輪。因為這些證悟者的遍知和智慧，無論他們距離我們有多遙遠，仍然能夠聽聞到我們的祈請。如果有人以清淨心向佛請轉法輪，那麼只要這尊佛所開顯的法教依然住世，此人就能累積無量的功德。因此之故，祈請證悟者轉動法輪，即是能夠累積廣大無邊功德的一個方法。

六、請佛住世

第六支是請佛住世，不入涅槃。由於眾生需要他們的法教、需要獲得解脫，因此我們祈請證悟者不入涅槃，直至每一個眾生都成佛為止。當我們以這樣的方式來祈請時，許多證悟者、菩薩們會因我們的祈請，而看到這裡眾生的需求，祂們就會住於這個世界上久一點，以便利益這些眾生。如前所言，論距離，諸佛菩薩再怎麼遠，

祂們都能聽見我們的祈請。因此，只要此法教因我們的祈請，而依然住世利眾，那麼我們就有功德，並且會有福分遇到指引我們行於正道的好老師。因此，第六支便是請求上師、證悟者、如來不入涅槃，直至所有的眾生都無一例外成佛為止。

如果正在燒火時用盡了木柴，我們知道這火無法燒太久。因此，我們當然會出去找木柴，讓火能夠繼續燃燒。相同地，如果油燈因快沒油了而即將熄滅時，我們會加入更多的油，讓它能夠繼續燃燒。同樣地，我們也要祈請諸佛菩薩不入涅槃，繼續以祂們甚深的法教來指引我們，讓佛法的慧焰持續熾燃。

七、功德迴向支

現在到了最後一支，第七支「功德迴向支」。任何藉由禮拜、身體上、意念上，或其他的供養、懺悔、隨喜、請轉法輪、請佛住世所累積的功德，我們將之迴向給一切眾生，直至他們獲得圓滿的證悟，希望他們總是能夠找到獲得證悟的合適方法。由於這樣的迴向，我們不會將此功德執著為自己的功德、「我的功德」，所以此功德就不會竭盡。因為有最後的功德迴向支，我們行七支供養的一切功德就會變得永無竭盡。

在行第七支功德迴向支後，我們便具備了能夠領受法教與修持佛法的功德。我們透過修持七支供養而累積功德，並且因運用懺悔的四力而清淨罪障。因此，我們已經成為足以領受佛法的完美法器。

問答集

【問　題】有些事情我覺得我能夠答應再也不去做它們，但是我也有可能會再做的一些習氣，因此，感覺去承諾不再做這些事情就像是在說謊。這是我的問題之一。另外我還想知道，對於某種特定的習性，我們應該如何看待它才能讓我們做出這樣的承諾？例如如果看到時間被浪費了，或是事情做得很沒效率時，我就會非常生氣；若不是對自己生氣，便是對他人生氣。這是我不經思考地就會有的反應。這種情況下，我如何能夠承諾不再犯？我應該如何看待這件事情，才能讓自己知道不該這麼做與如此反應？

【仁波切】我尚未告訴你什麼會讓我們損毀菩薩戒。瞭解這方面的內容，可能會讓你的日子好過一些。但若這個習性真的很強，可能還是有難度。然而最重要的是，以更廣泛的層次來看事情。

總的來說，美國人在學佛的初期，當聽聞到善行和惡行的內容時，他們會非常警覺。他們會非常小心避免造作惡業，且基於這種謹慎，他們會試著不去造作極微小的惡，然而卻看不太到自己正在造作更大的惡行（眾笑）。小惡他們倒是看得非常清楚。在西藏我們有句俚語：「脫下你所有的鞋子、衣服和上衣，就為了必須過一條小溪。」這裡的影像便是一個人脫去了襯衫、褲子等身上每一樣東西，只是為了渡過一條水深及膝的小溪。但是同樣的這個人，在想要橫越一個大湖時，卻穿戴整齊地躍入湖中。換言之，當人們真的需要脫下衣服時不脫；當不需要脫下衣服時，卻將它脫下，就像是過小溪時那樣，這是西藏的一句俗話。

就目前而言，我們必須試著不去累積更大的惡業，試著不去破損自己三昧耶，或是承諾的根本。做到這點之後，要照顧到小節就會變得比較容易。當我們對損毀菩薩戒的因進行解釋時，你就會比較瞭解這點。

【問　題】您是否能夠談談請佛轉法輪的善巧方法？也就是說，在請佛轉法輪時，我們是請佛來教導他人呢？還是來教導我，讓我最終能夠去教導他人？

【仁波切】基本上，你是為了一切眾生的利益，而去勸請證悟者轉法輪。因此，既是為他，也是為己。做為一個初學者，你自己也包括在受益的對象內。但是如果你是一個如天界梵天（Brahma）這樣的證悟者，梵天在請求釋迦牟尼佛轉法輪時，就只是為了利益其他的眾生。梵天這麼做，是因為當時沒有其他人知道請轉法輪的適當方式；因此，梵天是為了眾生的利益而特別這麼做的，並且因為如此，釋迦牟尼佛轉動了法輪。因為這樣，我們現在才有這些法教。如果是為了自己，也為了一切眾生的利益而請轉法輪的話，這代表著我們仍然處於成長中的一般階段。

【問　題】若我的瞭解無誤的話，您提到供養的其中一種方式，便是讓自心安住在空性當中。您是否能夠解釋這如何帶來菩提心的開展？這兩者如何攜手並進？

【仁波切】這當中有一部分是對空性有些體悟的進階者的教法。但之前我們提到菩提心本身的本質即是空性。由於你是初學者，你只要瞭解空性即可，並不需要真的有空性的證悟或體驗。一般而言，的確是這樣，證悟愈高，空性的體悟愈深，自身的菩提心也就會愈大，這是因為菩提心的本質或體性即是空性。

太陽之所以能夠普照萬物，乃是因為天空是空的。如果你在有屋頂的房子裡，就無法得到太陽的照耀。同樣地，我們愈是瞭解並體驗到空性，我們自身的菩提心就會獲得愈大的開展。我們愈是執著於顯相的真實、堅實，我們就愈不會有菩提心，這就好像是在自己與太陽之間修建屋頂或圍牆。

【問 題】我對懺悔的第四力有一個問題。我們應該只是發誓捨棄我們的惡行，還是也要捨棄導致惡行的無明和煩惱呢？

【仁波切】我們應該謹記，靈性的成長是需要時間的，我們不應該期待隔夜就變成無瑕的完人。這就像我們栽培某些東西，它需要時間成長，植物需要時間才會開花，而開花、結果都需要時間。同樣地，圓滿的證悟，具有一些非常殊勝的功德特質。當我們聽聞到這些在高度證悟時發生的事情時，我們可能會心嚮往之，而期待馬上或是隔夜，就獲得這樣的成就，但這是絕對不可能的。

至於第四力「誓不再犯力」，我們說不再犯這樣的「行為」的原因，是為了幫助我們具有這樣的正念覺知，未來不再去累積惡業。因為我們本身還未完全開展，仍然是一介凡夫，仍然有貪、瞋、癡、慢等煩惱。雖然我們已誓言未來不再造作惡行，但我們仍然有這些情緒與煩惱。身為初學佛法的人，我們仍然受制於貪、瞋、癡，而這些會導致惡業的累積。

第四力「誓不再犯力」是有用的一個提醒，它就像是我們對自己說：「喔，我已經發誓再也不造惡了。」因此，一旦生起負面的情緒、煩惱時，我們會記得這個誓言，這就能防止我們實際去造惡。以這樣的方式，我們也就能逐漸地將內心的煩惱完全去除。但對初學者而言，內心生起這些煩惱是很

自然的事。這第四力，就像是我們先前所討論的，是一個提醒、一種防護，能夠阻止我們造作惡行。

身為菩提心和修道上的初學者，我們的行止與修道的方式也必須是初學者的方式。這裡我們有許多能夠清淨自己身、語、意惡行的善巧方法。在受了菩薩戒後，有一篇我們可以每日唸誦的祈願文；而既然我們是初學者，我們在日常一天當中，可能會無意地多次違犯菩薩戒，因為初學者會有這樣的情況，所以我們要每天懺悔，要唸誦這篇祈願文，這麼做，可說是遠離垢染，再度讓自己清淨。這就像是穿上新的襯衫、褲子一般，我們很難保持它的清潔。所以，我們要去清洗它、洗刷它，當它再度變得乾淨時，我們就可以穿上它。同樣地，在初學的階段，我們必須像清洗衣物後，才能將它穿上身般地，每天清淨自己，因為我們很容易累積那些必須每日淨除的惡業。

【問　題】我想要知道更多關於那些未轉法輪的諸佛菩薩的解釋，以及我們怎麼向祂們祈求。我們具體要做些什麼？

【仁波切】基本上，向十方諸佛菩薩請轉法輪的方法，其實是意念上的一種祈願。我們祈求十方諸佛菩薩，根據每一個眾生的根器來開演佛法。我們心中這樣祈請，口中這麼唸誦，這兩個動作就形成了一個請求。帶著極為誠摯的心，這樣子地去祈請的人，能夠累積很大的功德。

因為這個人所累積的功德，此人與其他眾生獲得法教的業報便會成熟。那些尚未轉動法輪的諸佛菩薩，其實是在等待眾生的成熟。當眾生成熟到足以接受法教時，諸佛菩薩便會為他們轉動法輪。因此，為了讓自身與其他眾生能夠早日成熟，我們以唸誦祈願文的方式來做祈請。

【第六堂課】

信心的練習課：皈依與善知識

皈依與日常修持

為了眾生圓滿的佛果而皈依。

無始以來受到無明煩惱的驅使，我們便在輪迴當中承受著難忍之苦，而皈依，便是在尋求一個從中解脫的方法。為了得到這樣的解脫，我們有必要依賴那些完全沒有輪迴的瑕疵，完全戰勝、去除這些缺失之人的保護，或庇佑。基本上，這個究竟的皈依處，便是佛陀。

為了成佛、獲得解脫——亦即無上的皈依處，我們有必要走在通往解脫的成佛之道。此修行道乃在於佛陀的法教——佛法，它帶領我們由輪迴的痛苦中解脫出來，抵達一個永久和平快樂的境界。我們無法只依靠自己的力量來進入或修持佛道，我們需要他人的指引和幫助，這就是為什麼我們也要皈依僧團或修行社團的理由。因此，我們皈依的對象不只是佛，還包括了法與僧。

皈依戒的時限即為這樣的思維：「從此刻起，直至獲得圓滿的佛果，我皈依三寶。」這是兩種皈依的方式之一，也就是大乘的皈依方式。至於皈依的動機，我們應該思維，我們不只是為了自身的解脫，而是為了帶領一切眾生抵達圓滿的佛果而皈依。這即是大乘的皈依方式。

皈依的戒律

皈依後，我們必須遵守皈依的戒律。原因是，如果皈依後不守戒律，那麼本來應該有益的事情，反而會變成問題的根源。

這些戒律並不難持守。第一個戒律是，皈依佛之後，我們應該要敬重、尊崇任何的佛像，無論佛像品質的好壞，要視其為真正的佛，以佛的真身來待之。再者，皈依法後，特別是受持了大乘的皈依戒後，應該要盡力捨棄一切傷害眾生的行為，並且盡力成辦一切對眾生有益的事情。

皈依僧後，要體認到同宗門、同傳統的行者為我們的道伴，而且不只此生如此，過去生曾經如此，而未來生也將會是如此。我們應該以尊敬、虔敬和友善的態度來對待其他的道友。同時，對世界上現有的佛教宗派，甚至是其他的宗教，我們也要避免過分的門戶之見。我們不應該這麼想：「哦，我們是佛教徒。我們是聰明人，他們是笨蛋。」我們就只要做自己的修法，並對自己所修的法有信心就可以了，讓其他人修持他們的法教。

每日修持皈依的準則

至於每日的修持，我們應該要有佛的肖像，最好是有一個專門的房間來存放祂，否則放在自己的臥房也可以。這個佛的肖像不需要非常華麗，任何種類的佛肖像都可以。如果是放在自己的臥房，佛像的位置應該靠近自己的頭部而不是腳。每天在佛像前，我們可以對祂獻任何可能的供品。每天早晨對祂行三拜，接著唸誦皈依文，可以唸二十一遍、七遍，或至少三遍。

一天當中，任何我們所吃的食物，儘可能地供養一小部分到佛堂上。這是最好的。如果不行，無論何時進食，想著我們將最好的食物供養給佛、法、僧。如果我們帶著這樣的態度來進食，我們所獲得的功德，等同於實際親自供養佛陀所有的那些食物。

任何時間進行任何活動，或工作之前，應該這樣思維：「願此任務受到三寶的護佑加被。願此任務進行順利，並能夠利益一切眾生。」

晚上入睡前，撤下當天的供品，整理佛堂以方便隔日的獻供。禮佛三拜後，帶著如幼童即將在母親腿上入睡般的信心安眠，想著自己將在三寶的看顧下入睡。

換言之，我們愈是能夠持守對佛、法、僧三寶的信心，愈能夠向三寶祈請，我們愈是能夠體驗到皈依的功德。雖然佛、法、僧對眾生的悲心如太陽一般，對那些向祂們祈請的人和沒有向祂們祈請的人一視同仁，但是如果我們將眼睛閉上，我們就無法看見太陽；反之則能，同樣地，如果我們的虔敬和誓言愈大，我們受到的加持也就愈大。

大乘的皈依

若能夠解脫無量有情免於苦因，該會有多快樂！

皈依處的真實與否

瞭解皈依的對象，什麼是真正的皈依處，什麼不是真正的皈依處，這很重要。在我們所處的這個世界中，我們必須選擇正確的皈依處。正確的皈依處能夠讓我們進一步地開展力量、洞見，以及智慧。若是皈依處缺乏力量，那麼我們就無法從中獲得加持和能量，因為它本身缺乏這些。此即是我們必須談談真正與非真正皈依處的原因。當我們皈依真正的皈依處時，有許多東西我們必須捨棄，同時有許多我們可以採用和修持的東西。真正的皈依處被稱為「超越輪迴」的皈依處，非真正的皈依處被稱為「輪迴中」的皈依處。

我們都知道獅子會生小獅子，幼獅的父母非常強壯有力，因此幼獅

就會長得跟牠的父母一樣強壯——精力充沛、有力，並且還可能兇猛。但如果兔子，或是老鼠想要生出一隻幼獅的話，那當然不可能。牠們只能夠生出跟牠們有著同樣能力的後代，而無法生出比牠們更強壯許多、更有力量的後代。如果皈依世間的神祇，那就無異於想從兔子或老鼠身上，生出一隻幼獅一般。

過去有許多人皈依樹木、岩石、高山等許多存在於輪迴中的事物，希望它們能夠為他們去除障礙，帶來加持、力量，以及能量。但是，既然這些物體本身處於輪迴中，雖然可能有些力量，但卻沒有將眾生由輪迴當中解脫出來的力量或能力。因此，我們皈依的對象必須是某種超越輪迴的東西。這個對象超越輪迴，因此能夠生出某個如獅子般非常有力量的人，遠遠比兔子還有力量。皈依超越輪迴的聖者，他們就能夠將我們從輪迴中救度出來。當然了，我們也必須瞭解到，有些父母可能如獅子般強壯，但他們的孩子可能因為過去的惡業而生來就有些缺陷，例如他們因為過去所造的惡業而天生瞎眼，或是瘸腿。

各位可能會猜想，為什麼我要討論真正與非真正的皈依處這個題目。雖然佛陀本身曾經提到過，許多眾生皈依於湖泊、樹木，以及高山，但直到最近我才閱讀到真有其事。我在訪問南美時，才發現此事的證據：那裡有些人皈依他們住處附近的一個海洋，另外有些人皈依一座高山，這些都是現實存在的高山和湖泊。此外，還有一群人皈依一位幾年前去世的大將軍，希望這位大將軍能夠解脫他們的痛苦。還有些人皈依一位技術超群的獵人。看到這種情形，讓我瞭解到，人們是如何地將非真正的皈依處，誤認為是真正的皈依處。

我們可以向自己保證，我們所皈依的對象不是錯誤的。我們皈依的
是超群的僧團、無上的佛法，以及無垢的佛陀。因此，我們都應該
感到高興並且很有信心，知道自己沒有誤入歧途。雖然知道自己行
於正道，且具備信心，然而每個人是否能夠成功地發展，則取決於
個人的努力。如前所說，即使幼獅也不一定能夠長得跟牠的父母一
樣強壯有力，因為如果這隻幼獅有些缺陷，如天生瞎眼、瘸腿等，
就無法跟父母一樣強壯。因此，為了在修行上開展出善巧和成就，
我們必須瞭解修持佛法的三種動機或態度。

皈依的動機

為了此生自身的福祉

修持佛法最下根器的動機是基於完全自私的理由。有些人皈依是為
了去除自己的病痛和恐懼，並沒有太想去利益他人。在這個層次
上，皈依是為了此生自身的福祉，想在此生成功並具有權勢。這是
下根器皈依的動機，相當於是一隻瞎眼或瘸腿的幼獅。

當幼獅出生時，由於父母的關係，牠會被視為是萬獸之王。但是如
果這隻幼獅生來瞎眼或瘸腿，牠就無法看見東西或奔跑。雖然牠還
是會被視為是萬獸之王，但這樣的幼獅可能會相當地無助。如果是
為了今生的快樂和成功而皈依的話，就會像這隻幼獅。

為了來世自身的利益

我們都對此下根器的皈依動機很熟悉，此皈依的動機包括任何基本上以自我為中心的動機。另一種下根器的皈依動機如下：這個人可能瞭解到，此生的痛苦和不幸是過去惡業的果報，並且希求因為善業和修持能夠有好的來世（增上生）。這樣的人瞭解到自己在今生沒有太大的幸福、喜樂，以及平靜的原因，就像是田地今年不生產穀物的原因，是因為前一年沒有耕耘的緣故。在看到今年欠收後，這個人便會為了來年的收成而努力耕耘。

為了來世的自利而去皈依的話，將無法產生圓滿的證悟。雖然這個人可能投生到上三道，如投生為天人道中的一位天神。即使這個人瞭解到現在所經歷的痛苦和不幸，是因為過去的惡業之故，他仍然可能只是為了未來的增上生而去修持佛法。這就像是一隻幼獅開展牠的視力，開展牠的力量和四肢，讓自己能夠走路。從佛法的觀點而言，這仍然是皈依的一個非常低的標準，但卻遠遠強過去皈依樹木、岩石，以及高山等。

我們應當要瞭解，來世個人的幸福，如投生為天人或人類，這都不是永恆的。它就像是有毒的食物一樣，即使味道鮮美，但食用它的結果卻是死亡。因此，在這種層次上的皈依，無法完全將我們由痛苦當中解脫出來。只是為了自身的增上生而做皈依，這是聲聞或緣覺的動機。

為了從輪迴中解脫眾生

更高層次的皈依和我們皈依的方式，只是取決於我們的態度。我們皈依並不是只為了自己，而是為了他人。所有眾生有著的一個共同心願便是：希望能夠離苦得樂。一切眾生都希冀快樂。我們可以看到一切眾生推、擠、跑，就是為了獲得這樣的快樂。鳥、獸、人類，如蜜蜂般地忙碌異常，就是為了獲得快樂。雖然動物不用像人類一樣工作，但卻跟人類一樣忙碌地試著尋找快樂。雖然一切眾生都忙於尋找自身的快樂、忙於讓自心滿足，但由於不知道正確的方法，最終經歷的卻是痛苦和磨難。

例如，鳥類飛來飛去尋找食物，以滿足牠們的飢渴；當牠們為生存而忙碌時，卻遇到了獵捕牠們的敵人，而喪失了性命。在動物的世界裡，總是弱肉強食。因此，動物總是活在恐懼當中，沒有一點安全感。一隻魚兒悠哉悠哉地在大海或河中游泳，就像是在家裡一般；當牠為了解饑而覓食時，卻突然間被魚鉤鉤住了。牠要的不過是滿足自己的饑餓，結果卻失去了自己的性命。

人類日以繼夜，24小時不停地工作，為了是獲得快樂、安全感，並為將來未雨綢繆，但獲得的結果卻恰恰相反：我們的問題變得更多、變得更困難。在世俗的層次上努力工作，痛苦將沒完沒了。世界上那些為了獲得快樂而死於工作的人，經歷了巨大的痛苦與困難，並且在死後，立即感到一種失落。他們經歷的不僅是活著時輪迴裡的痛苦，還有在死後的失落感。這些活動最終會把我們帶向痛苦，瞭解這點有助於開展我們的修持。

我們知道，無論眾生多麼辛勤地工作，無論他們如何汲汲營營於世

間的活動，以獲得快樂，所獲得的結果，都只有更進一步的困難、悲傷、沮喪，以及痛苦。看到眾生是多麼地盲目，我們感到的不是造作，而是深及骨髓的慈心和悲心。當得知有其他的方法，能夠讓他們獲得真正的快樂時，我們對他們的慈心和悲心會更加強烈。我們知道眾生之所以沒有找到快樂的方法，乃是因為他們的盲目。眾生的所作所為，總是反其道而行，而這帶給他們痛苦。若我們具有這樣的態度與動機，那麼我們就已明白了大乘皈依的主旨。

眾生沉淪在輪迴當中，自己不知如何永遠地從中解脫出來。瞭解到這一點，一位修行人便會發心將他們由輪迴的痛苦中，從根救拔出來：「若是我能夠解脫無量有情眾生免於苦因的話，我該會有多快樂啊！」抱持著這樣的態度，我們便會對眾生展開慈心。帶著這樣的慈心，我們就只會希望帶給眾生快樂，去除他們的痛苦，將他們由苦因當中解脫出來。在這個過程中，我們便會開展出悲心，感覺到眾生的痛苦，同情並瞭解到輪迴的艱難，就像是經常處於沮喪、痛苦，以及不滿的狀態當中。

善知識的重要

一位靈性大師如同嚮導，是我們證悟功德的泉源。

這場開示是關於善知識的必要。特別重要的是，要記得自己的身上就有證悟的功德，而喚醒此證悟功德的方法，便是倚賴一位能夠幫助我們的善知識，這即是有善知識的好處。

例如，某種特定的、不曾在你的國家說過的語言，你也不認識任何說這種語言的人，你完全不懂這種語言。在這種情況下，雖然你沒有學過這種語言，這不代表你沒有能力去學。反而，你之所以沒有學過這個語言，是因為沒有一個可以教你的老師，而不是你沒有學習這個語言的智力。另一個更特定的例子便是，如果你不會說藏文，這並非是你缺乏學習藏文的智力，而是你沒有一個老師，或是你沒有這方面的需求。但是，如果你剛好在西藏，周圍都是說自身母語的西藏人，即使你之前並不懂藏文，但若努力學習的話，就有潛力學會說藏文。

同樣地，你目前並不知道開悟這個主題，部分原因是沒有善知識來教導你這方面的內容。此外，你沒有受過訓練，再加上自心的迷惑，導致你至今還未曾有過開悟的體驗。但這些種種的因緣條件，並不表示你沒有開悟的潛能，正如不懂某種語言並不代表你沒有學習它的潛力。

如果不懂藏文，你的損失不大。你有自己的語言，而你的語言還相當國際化。但若不懂佛法，那你的損失可就大了。

你因不懂佛法而錯失了這樣的瞭解：為什麼無論貧富、老少，每一個眾生皆在受苦。你所感到的這種挫敗感、恐懼，和不安，是因為沒有了悟自身證悟潛能的直接後果。沒有認出此證悟功德的後果，便是所有的人，遭受到沒有必要的痛苦。因此，你絕對有必要將自己從痛苦中解脫出來，而其唯一的方法，便是會晤一位善知識；沒有善知識，你是絕對無法讓自己熟悉佛法。

什麼是「善知識」？

「善知識」這個詞，比我們剛開始看到它所認為的意思，具有更深的涵義。善知識必須具備有若干項重要的功德。善知識的藏文是「給威咸言」（geway shenyen），可能比較好的翻譯應該是「具德的朋友」，或「具德的親人」。它指的是一位非常有德行的人，能夠教導你如何成為一個健全、善良、不害己也不害他的人，並不是每一個人都能夠教導這樣的美德。

此外，這個善知識不僅要有學問，他還必須要有證量。如果有學問

而沒有證悟的功德的話，就像是沒有臨床經驗，也不知如何用藥的醫生，這樣的人有知識上的學問，但沒有足夠的經驗來幫助任何人。同樣地，對於佛法有知識性的學問，但沒有個人的體悟的話，也沒有資格當一位善知識。善知識需要學問與修證兩者皆有。就算是有學問和修證，但若缺乏悲心的話，這也是不夠的。這樣的人就像是將診所關閉的醫生；這個醫生有學問、有經驗，但是因為缺乏對受苦之人的悲憫，而不願意使用他的技能來幫助病人。善知識必須要有足夠的悲心，為了他人而誨人不倦、從不抱怨，這才能稱得上是「有德行」。

回到藏文對「善知識」字面的翻譯上，其中運用了「朋友」、「親人」來表達我們與善知識的親近關係。這是一種極為親近的關係，亦親亦友一般，沒有比這更親近的關係了。

如前所述，善知識必須具備悲憫，亦即具備無倦無悔地為眾生操勞的意願，不歧視貧富、老少、男女。此無分別、無歧視的態度，加上隨時準備為他人無倦地付出，即是真正的悲心。此無倦的努力，或許能夠以一位農夫來比喻：農夫耕種秧苗，直至收成之日，都一直辛勤地工作。這個農夫每天無倦地全天候工作，因為他知道自己若是休息的話，所栽種的穀物就會損毀。所以他願意不停地工作，直至達到預期的結果。同樣地，真正具有悲心的善知識，願意無倦無悔地付出；願意幫助任何一位學生，而不會歧視某類的學生，一直到學生展現出成績為止。一位有著這些功德的具德朋友，真的是很稀少。這樣的朋友，是我們知識、智慧，以及證悟的功德之源。

事實上，從過去到現在，我們累積了非常多的惡業，它讓我們不斷地受著川流不息的痛苦，善知識能夠幫助我們斷除此痛苦之流。在

痛苦獲得解除後，我們的覆障便能獲得淨除，而我們受到迷惑之心所障蔽的證悟的功德，便能從此開顯。如此這般，此具德的善知識，對喚醒我們自身證悟的能量就變得很重要。沒有這樣的善知識，我們就不可能有對自身證悟能量的體驗。正如花朵無法長在沒有土壤的虛空當中，能夠去除我們的煩惱，並開展我們證悟功德的土壤，即是善知識。

除了上述我所提到的功德之外——有學問、經驗、修證，以及悲心，善知識還必須知道自身證悟經驗的來源。若是不明其來源，此經驗可能會有危險。在西藏，或是其他地方也一樣，有些人認為他們找到了獲得證悟的方法，然後便根據這個方法而發明了一些新的修法。但是他們所發明的方法並不健全，因為它是基於智性，而不是真正的證悟和體驗。他們或許能夠欺瞞許多人，讓他們相信這是一條新的修行道，但事實上這條道路並沒有真實的基礎或實質性。

這就類似於一個很聰明、很有創造力的人，他從來沒有去過別的國家，但是他卻能夠發明出一種語言，然後聲稱這是某個國家的語言。這個人或許可以讓一些人相信他，但當他自己拜訪這個國家時，就會發現他所發明的語言，跟這個國家實際所使用的語言，並沒有相似之處。

在西藏、中國，以及印度的佛教，源起於正等正覺的佛陀。一旦有這樣的傳承，我們就可以安心地相信它的修持方法是有根據、有來源，是經過驗證的。要認識善知識這個人，很重要的是去瞭解其傳承的來源，及其法脈的歷史。如果沒有傳承，那麼其證悟之道就會模糊不清。每一個人都可以追溯自己家族的傳承，從父母、祖父母等一路上去。沒有家族的傳承，就沒有個人。任何人若是沒有家族

血緣的傳承，他要不就是個奇蹟，要不就是個機器人。做為一個真正的人類，你能夠這樣地去追蹤自己的歷史。同樣地，一位具格的善知識也必須要有他的傳承。

但無論如何，我們也不能只考慮善知識的傳承。除了傳承之外，如我之前說的，善知識還必須要有學問、修證，以及真正的悲心。一旦找到了這樣的一位善知識，絕對不要將他放棄。不要這麼想：「喔，我找到了一位，但很快地我能找到另外一個。」不要冒這個險，因為善知識真的很稀有。

此外，善知識還可能幫助你跟世界上任何的證悟者結緣。沒有善知識，你將無法有這樣的機會。因此，做為一名學生，你對善知識有一定的責任義務。一旦你找到了一位善知識，你一定要學習這位善知識有的一切經驗、知識，以及智慧。不要將善知識視為理所當然，而是要努力地去瞭解你的善知識所講的話，並致力實踐你所被授予修法中的每一個字。即使這個修法可能很困難，但仍然要試著去瞭解每一個字的意義和目的，然後身體力行地去求取證悟。

如我之前所言，一位善知識有證量、有知識，並且有足夠的悲心以極大的耐心來教導你。你也必須要能夠忍辱，以便承受修行的磨難，學習如何將修行運用到自己的生活當中。

如何檢驗善知識？

這個世界上有一些人不是具格的善知識，但他或許能夠說得天花亂墜，看起來非常聰明。因此，你必須確認這個人是否是具格的善知

識，而不要被花言巧語、諂媚的言詞所欺瞞。你可以藉由下面的例子，來區分善知識的話與某個自創門派的人的話之不同：火的本質是燃燒和發熱，無論大火還是小火皆然。但畫在牆上的火，雖然看上去跟真的火沒兩樣，它既不能燃燒，也不會發熱。畫中的火，再怎麼美妙都會是這樣子。善知識的話有熱度，並且有一定的份量。諂媚的言詞沒有份量，也沒有熱度，即使聽起來很真實。你能夠藉由其熱度對自心的利益，來驗證善知識的話。這就是如何判斷善知識是否具格的方法。

此外，不能以外表來評判善知識。善知識具有我之前講過的功德特質，並且其表現的方法有很多種，他不一定是富人，因為很多乞丐也可以是善知識；他不一定是男人，因為善知識可以是女人；他不一定長得很吸引人，因為有些善知識長得醜陋。重要的不是善知識的外表、財富、性別，而是他靈性開展的狀態；而這有可能存在於這些條件中的任何一種。

做為一個普通人，我們難以瞭解誰的內在是證悟的、誰沒有證悟。所以，主要的問題是：我們如何決定誰是、誰不是具格的善知識？我們怎麼知道誰已經證悟了，而誰又還沒？我們必須使用邏輯來回答這些問題，因為我們沒有直接看到解答的證量。針對這點，我們跟善知識關係的初期，在接受他的教導、灌頂等之前，我們有權利檢驗這位上師，正如在購買金子前，你有權去檢驗它。純金就是純金，即使經年累月埋藏在地下，即使被切成碎片，仍然不會有雜質。

你也能夠以同樣的方式來檢驗善知識的行為。隨著時間的推移，這位善知識的心是否依然非常平靜，且他的目的不只是利益你，而是要利益一切眾生？這位上師是否獻身於帶領一切眾生獲得解脫？如

果在某段的觀察期後，你看到他的確如此，那麼你就可以將這個人視為一位善知識。

佛陀自己便是以這樣的方式，來指導弟子如何檢驗善知識。佛陀說過，有時我們不需要直接看到某件事，才能知道它是否純淨，祂舉火為例：當我們看見天空有煙霧時，就知道村莊內有火；我們不需要直接看見火，就能夠得到這個結論。同樣地，當我們看見翱翔的水鳥時，就知道附近有湖或是水；我們不需要直接看見湖泊。我們能夠以智力來推理。同樣地，當看見一個充滿了不變的慈悲與柔和的人時，我們就可以確信這個人是一位善知識。

運用善知識的教導

一旦你瞭解到這位善知識是具格的，你的責任便是非常努力地去學習且運用他的教導。這個時候，不用去擔心尋找善知識的事，而是要關心自己是否是位好弟子，是否能夠瞭解並應用善知識所給予的指導。如果今天聽聞到善知識的法教，明天就忘記的話，你就枉費了善知識的心血。這就像是用茶葉的濾網——而不是茶杯——來取水，水一倒下去，馬上就流到地上了，結果還是無法止渴。

與善知識的關係中，重要的是瞭解你對善知識的責任，並善用善知識的忠告，修持你所領受到的法教，這很重要。光是在善知識的跟前，你將無法利益到自己；你必須運用他給予你的教導。但這需要時間，你的進展是逐步的，不要預期隔夜就能獲得證悟。這就像是將一個容器中盛滿了的液體，倒入另一個空的容器中一樣，這種逐漸的傾注需要花費時間。同樣地，獲得證悟的功德需要經過逐步、

循序漸進的過程。

這裡簡要地提示了善知識的定義、善知識的功德、如何尋找善知識，並且在找到了善知識後，如何在自己的生活中，有效地運用善知識的教導。

這便是今晚我要講的所有內容。我們不用講一整晚，開示的多寡並不重要。現在最好是回答各位可能有的任何問題，去除大家的疑慮，讓你們有更深入的瞭解。

問答集

【問　題】善知識是與學生相當呢？還是比學生優秀？

【仁波切】就證悟的程度而言，善知識絕對是要比學生高超，這樣你才能向他學習到東西。善知識的意義在於他能夠教導你所不熟悉的美德。但就做為一個人而言，善知識跟你一樣是普通人，並且有時因為他的證悟，他可能比你還謙虛，可能表現出他什麼都不懂，但可不要誤會了他的謙遜。

心靈藏寶圖

我們含著佛性的「金湯匙」出生，擁有完美的成佛潛能，
問題是：怎麼把它開發出來？

根大手印即是佛性，又稱為「如來藏」（sugatagarbha）。無始以
來，它便存在於一切眾生的身上。無論國籍、種族或性別，
它是毫無例外地存在於我們每個人身上的潛能。噶舉傳承的「見」
（見地）、「修」（禪修）、「行」（行止）立基於大手印；並且
在此傳統中，「見」指的是首先認證、開展出對大手印的瞭解；
「修」則是按照這個見地來進行禪修；並在自身熟悉了這個禪修
後，將對大手印的了悟付諸行動，這即是「行」。一開始對大手印
的清楚見地，將會帶來對佛法更深入的瞭解。

如果無論男女，一切眾生平等皆有佛性的話，那麼我們可能會想，
為什麼有些人優秀、有些人低劣？有些人超凡、有些人平凡？有些
人開悟、有些人未開悟？這些種種的區別，並不是因為每個人的根
大手印有所不同，事實上佛性平等地存在於一切眾生身上。這是因

為我們自己沒有認出大手印、沒有淨除我們的覆障，而造成了在我們之中，有些人超凡、有些人平凡，有些人開悟、有些人未開悟。

普通人才會去談論證悟的神通與證悟者不可思議的智慧。我們感覺證悟是如此奇異，以至於我們覺得必須在地底下，或遙遠的星球去尋找。但無論找多久，我們是無法從外在尋找到證悟的功德，因為事實上證悟的功德就在我們的內在，無始以來就一直跟我們在一起。證悟者並沒有在另一個星球，或是地底下的一個洞裡，找到證悟。他們是藉由每天精進的修持，並且遵循著存在於這個地球上的修行之道，以這樣的方式，他們獲得了完全開發自身潛能的果位──根大手印，並從此贏得了無窮的快樂。

我們一般人最大的問題是，雖然我們希求快樂，但是卻不知道得到它的正確方法，而在錯誤的地方尋找它。我們認為物質上的東西和科技的發展可以帶給我們快樂，並且因為我們總是倚賴外在的事物，結果便是從未找到快樂。永恆的快樂不是去尋求外在的事物，而是去發現我們自心的本質。

這裡就是要運用「無明」此一觀念的地方。有時我們會不好意思說他人無明，而我們自己也不喜歡認為自己無明。但其實「無明」的意思，是不知道我們所有的人，身上都有佛性、根大手印；不知道我們自己內在的佛性，這個便是「無明」。因為不瞭解這個證悟的潛能，我們向一位聖者、一位外在的人或物品，尋求證悟。

這就好像我們手中或口袋裡，就握有一個珍貴的珠寶，但卻想向別處去找。不幸的是，我們無法以這樣的方式找到。不是因為我們不知道怎麼找，也不是珠寶不存在，而是它離我們太近，我們在外面

到處去找它，就是沒有在自己的跟前找。突然有個非常博學的人過來說：「看，這個珍貴的珠寶就在你的手掌中。」我們才終於將它認出來。這即是噶舉傳承所說的「佛在汝手掌中。」我們證悟的潛能就在這裡。要認出此點，僅僅在於對自我的淨化。沒有任何一個外在的人，能夠給予我們已經有的證悟的功德或潛能。

上師的引介

雖然佛性、如來藏就在我們自己的內心，但它必須由一位具格的上師來為我們引介。這種的引介，才有可能讓我們真的認出自心的本質。理想上，一位具格的上師應該是在一個傳承中的具格大師，因為我們能夠確定，一個傳承的真正持有者，具備傳遞佛法與引介我們自心潛能的一切善巧，以及無造作的功德。任何一位靈性大師的重要特徵便是，他曾經做過實修，並且已經獲得了法教文字背後精髓的某種程度的證悟。蔣貢康楚羅卓泰耶仁波切在《智慧之雨》一書中曾解釋，一位靈性大師應該是一位自己曾經去過那個地方的嚮導，這樣的上師才具有力量和資格來引介自心的本質。

否則，如果這個人只有文字上的瞭解，不知道精髓之意，他就沒有資格教導其他的人。不僅如此，他的教導對任何人都不會有太大的利益。這就好比我想要去教英文，但我自己講的英文只是學了一、兩個字，然後便是死記硬背，幾乎不知道它們的意思。假設我一直重複所學，然後試著將它傳授給其他的人。因為我只是重複著這些字，並不真正知道它們的意思，甚至我的發音可能不正確。因此聽到我講這些英文字的人，不僅不知其義，他的發音也會是完全錯的。如果某人試著藉由文字上的瞭解，來引介心的本質的話，就會

有發生同樣誤解的可能性。我們的確需要一位有經驗的上師，來為我們真正引介大手印。

為了能夠帶領我們證悟佛果，一位具格的上師也是必須的。如之前所解釋的，這樣的人本身有證悟的經驗，因此能夠指導他人修行於正道。如果是一位不具格的上師，沒有證果的經驗，憑藉著自己對字面上的瞭解，來指導學生修行，這就會像是在我拜訪中國時，發生在我身上的故事。

我在北京時，本來應該去造訪一所著名的佛寺。但由於不知道這所佛寺的位置，我就邊走邊問人。問題在於大部分我所遇到的人，也不知道這所寺院在哪裡。但因為所有的人都受到驕傲的牽累，他們不願意承認自己不知道，於是一開始指東，接著又指西，說道：「在那裡。」我遵照著所得到的指示前進，但我每問到一個不同的人，他們就會叫我往完全不同的方向去。一整天就這麼來來回回，許多人給我許多不同的路線指引，我就這樣一直上上下下，東西南北地這麼走著。

幸運地，最後我遇到了一位真正知道路的老太太。她請我坐下，在一張紙上畫上地圖，標出我現在的位置，描出要到達我的目的地的正確途徑。在她的指引下，最後我終於抵達了這所寺院。這位老太太就像是一位具格的上師，她有經驗，因為她自己曾經去過這個地方。一旦我們足夠幸運遇到了這樣一個人，若我們能夠遵循這個人的指示，我們所行的每一步，就會讓我們更接近證悟。這就是擁有一位有經驗的上師，足以讓我們歡欣鼓舞的原因。

好弟子的功德

但有時找到一位具格的上師，以及實際遇到證悟的無量功德時，我們會變得過於興奮。我們會突然間失去對修行的耐心，因為已經見識到了證悟的成果，我們想要馬上獲得它。許多人都是屬於這樣的情況，我們受到證悟這整個觀念的啟發，如此努力地修行以便隔夜就要證悟。當夜晚盡逝而不見證悟時，我們就感到失望。因此，我們必須謹記在心的是，即使具有一位具格的上師，我們也不能期待速成的證悟。

證悟的過程就像是栽培一顆種子，一旦將它種入土中，我們必須耐心等候。如果我們過於興奮地想著：花朵會是什麼顏色、它會有什麼香氣，那麼我們可能會在激動中撥開剛剛栽種好的土壤，試著拉高這棵植物，希望讓它長快一點。我們的行為不但沒有產生出一朵花朵，反而阻礙它的成長。同樣地，當我們找到了一位具格的上師時，我們必須有耐心、能忍辱，小心不要危及自身修行的道路。我們必須帶著對上師的信任和信心，只要精進地修持，而不要有過多的期待。如果能夠這麼做，並在修行的道路上受到對的人的指引，那麼我們每分每秒的修持，就能帶領我們更趨近證悟。因此，我們必須沒有希求，也沒有懷疑地耐心修行。

大手印之道被稱之為「無垢之道」。它非常微妙有效。如果你選擇一位具格的指導者來教導你，並且好好地修持，那麼你就會是一位具器的弟子，你就可能即生獲得證悟。要成為一位具器的弟子，你必須非常精進地修持，必須帶著對上師的完全信任來修持，使得此能量能夠在你身上成長。如果你對證悟的期許過於興奮，那麼這就

有點像是揠苗助長。但植物不是靠蠻力而成長，它真正需要的是你的細心呵護。如果你這麼做，那麼草木就會自己成長。同樣地，如果你帶著信任，精進地修持，捨棄一切的期望，證悟就會自然而然地在你的身上開展。仰仗著有一位好老師的功德，並且仰仗做為一位好弟子的功德，你便能夠在一生當中獲得證悟。

西藏有句描述一位好弟子之功德的諺語：「一位好弟子必須像是不說話的啞巴；同時，他還必須很有毅力。」這句諺語所說的好弟子是啞巴的意思是，對上師或法教，弟子的心中沒有懷疑；他不會去猜疑，就只是堅毅地實現自己的目標。我們就要像這個樣子。我們需要致力於實現證悟，沒有太多的問題、懷疑，或期待。我們必須找到一位具格的上師，並且成為一個具器的弟子，這是我們的職責。

證悟需有的三種功德

栽培一粒種子需要有準備工作，我們不能只是把種子扔到堅硬的地上。首先，我們必須先鬆土。同樣地，如果我們想要運用大手印的深奧教法，我們就不能略過止的禪修。修持止的禪修就像是進行耕種前的整地，它是個必須的步驟。進一步而言，我們絕對不能認為完成一個固定時數的止的禪修就足夠。止的禪修必須達到內心真正的安住，之後我們才能夠得益於大手印的修持。沒有持續安定自心的能力，修持止的禪修一個小時、一個月，甚至是一年，也不代表任何意義。

假設我們已經完成了耕種前的整地工作。現在土壤可能已經鬆軟了，但如果我們只是扔一顆種子在上面，植物還是長不出來，因為

土壤太乾了。我們必須先灌溉土壤才種下種子，並且之後還要持續定期澆水。同樣地，只是藉由止的禪修而開展出一種平靜感並不夠。我們必須在一切時日當中，為了一切眾生的福祉而培養慈心與悲心。正如種子需要經常受到滋潤，證悟的種子也需要恆常的慈心與悲心的滋養。這兩種功德很重要，它們能夠增長我們認證自心本質的能力。

熱度是種子成長需要的第三種特質。就證悟的成果而言，熱度代表智慧。我們必須培養智慧，一如我們需要做止的禪修、需要培養慈心與菩提心。正如土壤、水分與熱度是植物生長的必須，這三種條件也必須要有，才能達到成佛的果位。這樣你就開展出了獲得證悟必須有的三種功德。

智慧有兩種意義：「本然的智慧」指的是某人有這種本然的能力，能夠馬上瞭解文字上的意義（literal meaning）和真實的意義（essential meaning）。「信任的智慧」（trusting wisdom）指的是，雖然這個人可能不具備能夠瞭解法教真實義的聰慧，也無法馬上認出究竟的真理，但如果這個人信任他的上師，並且遵循著上師的教導，那麼這個人也同樣可以獲得證悟的果位。

本然的智慧就像是有好眼力，只要某人指出我們要去的目的地時，我們就可以自己看見要從哪裡去，不需要有人帶路，自己就可以到得了目的地。但如果我們眼盲，就必須依靠某個有眼睛的人。如果我們以這個人為嚮導，那麼我們也可以到達目的地。即便沒有非常聰穎的智慧，但是以信任的智慧——這種對上師的信任，也能夠將我們帶往證悟的成就。

有時我們會想，在數千名的弟子當中，為什麼有些弟子的進步高深，而我們自己卻被拋在後面。我們可能會想：「或許上師沒有好好教我，他可能對我有歧視，他給別人更好的法教。」但問題不在於上師給我們的是更好、還是更差的法教，或是上師是否決定要增長我們佛性的功德，問題在於我們自己沒有達到必要的三個條件：止的禪修、慈悲，以及智慧。即使我們得到微妙的法教，但如果沒有去瞭解、消化它的話，就會因為缺乏培養，而無法從中開展出成果。

然而一旦我們具備前面的這三個條件，若是我們精進地走下去，那麼我們就會很快地達到目標。為達此目的，我們需要累積功德，意思就是我們要非常努力，身、語、意上要有好的行為。這樣所累積的功德將會加速我們的成長，讓我們更快地獲得證悟。這個時候，我們將會具足所有必要的條件，但如果我們有位具格的上師，那麼我們證悟的機會就不再渺茫，而事實上已相當接近了。

最後，我們必須瞭解此基本的責任是弟子的。實踐具格上師給各位的教導，這是你個人的職責。不僅僅如此，即使有這麼一位具格的上師，我們自身對功德的累積與修持上的精進，也是一直要有的。

希望各位好好做一位具器的弟子。

禪修指引 (8)

長老的禮物：「從初發心，到證菩提」都必修的基本功
（原書名 / 休息在陰影中：「轉煩惱為道用」的六堂課）

Transforming Mental Afflictions and other Selected Teachings

作　　者	堪布 卡塔仁波切
翻　　譯	金吉祥女
審　　譯	陳曹倩
發 行 人	孫春華
社　　長	妙融法師
總 編 輯	黃靖雅
執行編輯	鄒雅如
封面設計	阿力
版面構成	造極彩印
行銷企劃	黃志成
發行印務	黃新創

台灣發行　眾生文化出版有限公司
　　　　　地址：220 新北市板橋區四川路二段 16 巷 3 號 6 樓
　　　　　電話：02-8967-1025　傳真：02-8967-1069
　　　　　劃撥帳號：16941166　戶名：眾生文化出版有限公司
　　　　　電子信箱：hy.chung.shen@gmail.com　網址：www.hwayue.org.tw

台灣總經銷　紅螞蟻圖書有限公司
　　　　　地址：台北市 114 內湖區舊宗路 2 段 121 巷 19 號
　　　　　電話：02-2795-3656　傳真：02-2795-4100
　　　　　E-mail：red0511@ms51.hinet.net

香港經銷點　佛哲書舍
　　　　　地址：九龍深水埗白楊街 30 號地下
　　　　　電話：852-2391-8143　傳真：852-2391-1002
　　　　　電子信箱：bumw2001@yahoo.com.hk

印　　刷　博創印藝文化事業有限公司
初版一刷　2013 年 07 月
二版一刷　2019 年 11 月
I S B N　978-986-97859-7-6（平裝）
定　　價　新台幣 380 元

國家圖書館出版品預行編目 (CIP) 資料

長老的禮物：「從初發心，到證菩提」都必修
的基本功 / 堪布塔卡仁波切；金吉祥女譯 . --
二版 . -- 新北市：眾生文化 , 2019.11
　面；　　公分 . -- (禪修指引；8)
譯自：Transforming Mental Afflictions and other
Selected Teachings
ISBN 978-986-97859-7-6 (平裝)
1. 藏傳佛教　2. 佛教修持

226.965　　　　　　　　　　　　　108017602

眾生文化出版書目

噶瑪巴教言系列

1	報告法王：我做四加行	作者：第十七世大寶法王 鄔金欽列多傑	300 元
2	法王教你做菩薩	作者：第十七世大寶法王 鄔金欽列多傑	320 元
3	就在當下	作者：第十七世大寶法王 鄔金欽列多傑	500 元
4	因為你，我在這裡	作者：杜松虔巴	350 元
5	千年一願	作者：米克・布朗	360 元
6	愛的六字真言	作者：第 15 世噶瑪巴・卡恰多傑、第 17 世噶瑪巴・鄔金欽列多傑、第 1 世蔣貢康楚仁波切	350 元
7	崇高之心	作者：第十七世大寶法王 鄔金欽列多傑	390 元
8	深藏的幸福：回憶第十六世大寶法王	作者：諾瑪李維	399 元
9	吉祥如意每一天	作者：第十七世大寶法王 鄔金欽列多傑	280 元
10	妙法抄經本__心經、三十五佛懺悔文、拔濟苦難陀羅尼經	作者：第十七世大寶法王 鄔金欽列多傑	300 元
11	慈悲喜捨每一天	作者：第十七世大寶法王 鄔金欽列多傑	280 元
12	上師之師：歷代大寶法王噶瑪巴的轉世傳奇	講述：堪布卡塔仁波切	499 元
13	見即解脫	作者：報恩	360 元
14	妙法抄經本__普賢行願品	作者：第十七世大寶法王 鄔金欽列多傑	399 元
15	師心我心無分別	作者：第十七世大寶法王 鄔金欽列多傑	280 元
16	法王說不動佛	作者：第十七世大寶法王 鄔金欽列多傑	340 元
17	為什麼不這樣想？	作者：第十七世大寶法王 鄔金欽列多傑	380 元

講經系列

1	法王說心經	作者：第十七世大寶法王 鄔金欽列多傑	390 元

經典開示系列

1	大願王：華嚴經普賢行願品釋論	作者：堪布 竹清嘉措仁波切	260 元
2	唯一：大手印大圓滿雙融心髓	原典：噶瑪恰美仁波切、釋論：堪布 卡塔仁波切	380 元
3	恆河大手印	原典：帝洛巴尊者、釋論：第十世桑傑年巴仁波切	380 元
4	放空	作者：堪布 慈囊仁波切	330 元
5	乾乾淨淨向前走	作者：堪布 卡塔仁波切	340 元
6	修心	作者：林谷祖古仁波切	330 元
8	除無明闇	原典：噶瑪巴旺秋多傑、講述：堪布 卡塔仁波切	340 元
9	恰美山居法 1	作者：噶瑪恰美仁波切、講述：堪布卡塔仁波切	420 元
10	薩惹哈道歌	根本頌：薩惹哈尊者、釋論：堪千 慈囊仁波切	380 元
12	恰美山居法 2	作者：噶瑪恰美仁波切、講述：堪布卡塔仁波切	430 元
13	恰美山居法 3	作者：噶瑪恰美仁波切、講述：堪布卡塔仁波切	450 元
14	赤裸直觀當下心	作者：第 37 世直貢澈贊法王	340 元
15	直指明光心	作者：堪布 竹清嘉措仁波切	420 元
16	達賴喇嘛說金剛經	作者：達賴喇嘛	390 元
17	恰美山居法 4	作者：噶瑪恰美仁波切、講述：堪布卡塔仁波切	440 元
18	願惑顯智：岡波巴大師大手印心要	作者：岡波巴大師、釋論：林谷祖谷仁波切	420 元
19	仁波切說二諦	原典：蔣貢康楚羅卓泰耶、釋論：堪布 竹清嘉措仁波切	360 元
20	沒事，我有定心丸	作者：邱陽・創巴仁波切	460 元
21	恰美山居法 5	作者：噶瑪恰美仁波切、講述：堪布卡塔仁波切	430 元
22	真好，我能放鬆了	作者：邱陽・創巴仁波切	430 元
23	就是這樣：《了義大手印祈願文》釋論	原典：第三世大寶法王噶瑪巴 讓炯多傑、釋論：國師嘉察仁波切	360 元
24	不枉女身：佛經中，這些女人是這樣開悟的	作者：了覺法師、了塵法師	480 元
25	痛快，我有智慧劍	作者：邱陽・創巴仁波切	430 元
26	心心相印，就是這個！《恆河大手印》心要指引	作者：噶千仁波切	380 元

禪修引導系列			
1	你是幸運的	作者：詠給 明就仁波切	360 元
2	請練習，好嗎？	作者：詠給 明就仁波切	350 元
3	為什麼看不見	作者：堪布竹清嘉措波切	360 元
4	動中修行	作者：創巴仁波切	280 元
5	自由的迷思	作者：創巴仁波切	340 元
6	座墊上昇起的繁星	作者：堪布 竹清嘉措仁波切	390 元
7	藏密氣功	作者：噶千仁波切	360 元
8	休息在陰影中	作者：堪布 卡塔仁波切	380 元
9	醒了就好	作者：措尼仁波切	420 元
10	覺醒一瞬間	作者：措尼仁波切	390 元
11	別上鉤	作者：佩瑪・丘卓	290 元
12	帶自己回家	作者：詠給明就仁波切 ／ 海倫特寇福	450 元
13	第一時間	作者：舒雅達	380 元
14	愛與微細身	作者：措尼仁波切	399 元
15	禪修的美好時光	作者：噶千仁波切	450 元
16	鍛鍊智慧身	作者：蘿絲泰勒金洲	350 元
17	自心伏藏	作者：詠給・明就仁波切	290 元
18	行腳：就仁波切努日返鄉紀實	作者：詠給・明就仁波切	480 元
19	中陰解脫門	作者：措尼仁波切	360 元
20	當蒲團遇見沙發	作者：奈久・威靈斯	390 元
21	動中正念	作者：邱陽・創巴仁波切	380 元
22	菩提心的滋味	作者：措尼仁波切	350 元
23	老和尚給你兩顆糖	作者：堪布卡塔仁波切	350 元
24	金剛語：大圓滿瑜伽士的竅訣指引	作者：祖古烏金仁波切	380 元
25	最富有的人	作者：邱陽・創巴仁波切	430 元
儀軌實修系列			
1	金剛亥母實修法	作者：確戒仁波切	340 元
2	四加行，請享用	作者：確戒仁波切	340 元
3	我心即是白度母	作者：噶千仁波切	399 元
4	虔敬就是大手印	原作：第八世噶瑪巴 米覺多傑、講述：堪布 卡塔仁波切	340 元
5	第一護法：瑪哈嘎拉	作者：確戒仁波切	340 元
6	彌陀天法	原典：噶瑪恰美仁波切、釋義：堪布 卡塔仁波切	440 元
7	藏密臨終寶典	作者：東杜法王	399 元
8	中陰與破瓦	作者：噶千仁波切	380 元
9	斷法	作者：天噶仁波切	350 元
10	噶舉第一本尊：勝樂金剛	作者：尼宗赤巴・敦珠確旺	350 元
11	上師相應法	原典：蔣貢康楚羅卓泰耶、講述：堪布噶瑪拉布	350 元
12	除障第一	作者：蓮師、秋吉林巴，頂果欽哲法王、烏金祖古仁波切等	390 元
心靈環保系列			
1	看不見的大象	作者：約翰・潘柏璽	299 元
2	活哲學	作者：朱爾斯伊凡斯	450 元
大圓滿系列			
1	虹光身	作者：南開諾布法王	350 元
2	幻輪瑜伽	作者：南開諾布法王	480 元
3	無畏獅子吼	作者：紐修・堪仁波切	430 元
4	看著你的心	原典：巴楚仁波切、釋論：堪千 慈囊仁波切	350 元
5	椎擊三要	作者：噶千仁波切	399 元
如法養生系列			
1	全心供養的美味	作者：陳宥憲	430 元
佛法與活法系列			
1	收拾書包成佛去！：達賴喇嘛給初發心修行人的第一個錦囊		480 元